AF298896

Vicomte du Breil de Pontbriand

LE
Comte d'Artois

ET

L'Expédition de l'île d'Yeu

ERREURS HISTORIQUES

PARIS

Honoré **CHAMPION**, Éditeur

5, Quai Malaquais, 5

1910

LE COMTE D'ARTOIS

ET

l'Expédition de l'Ile d'Yeu

Ouvrages du même auteur

Histoire généalogique de la maison du Breil (avec collaboration), in-4" . . . . 25 fr. »

Supplément à la même histoire, in-4° . . . . 5 fr. »

Deux anciens armoriaux bretons, in 8° . . . . 5 fr. »

Un homme d'Etat breton au xvᵉ siècle, in-8° . . . . 4 fr. »

Mémoires du colonel de Pontbriand (publication), in-8° . . . . 7 fr. 50

Un Chouan, le Général de Boisgny, in-8° . . . . 7 fr. 50

Nos chevaliers de Saint-Michel, in-8°. . . . . 7 fr. 50

En préparation :

Le dernier Évêque du Canada Français.

Vicomte du BREIL de PONTBRIAND

LE
Comte d'Artois

ET

L'Expédition de l'île d'Yeu

Graves Erreurs Historiques

PARIS

Honoré CHAMPION, Éditeur

5, Quai Malaquais, 5

1910

PRÉFACE

Il y a quelques années, cette question fut posée dans l'Intermédiaire des Chercheurs et Curieux : « Pourquoi le comte d'Artois n'a-t-il pas rejoint Charette ? » Je la relevai alors sommairement, dans ce recueil d'informations réciproques, en ajoutant qu'il faudrait presque un volume, pour la traiter pertinemment et complètement.

Ce n'est pas tout-à-fait un volume, — mais il s'en faut, en réalité, d'assez peu — qui se trouve résulter de l'étude à laquelle m'a amené cette interrogation, en attendant qu'un investigateur plus autorisé ait été tenté d'éclairer le sujet.

La lumière, en effet, me paraissait avoir besoin d'être appelée sur bien des points, dont plusieurs, à première vue, me laissaient peu de doute qu'ils n'eussent été généralement l'objet d'erreurs et de confusions les plus graves.

*Sur la foi des mémoires plus que sus-
pects connus sous le nom de Mémoires de
Vauban, le comte d'Artois a été accusé
de n'avoir pas eu sérieusement le dessein
de descendre en Vendée en 1795, de n'avoir
pas voulu chouanner, tout-au-moins
d'avoir cédé aux influences d'un entourage
pusillanime, et ces accusations ont eu
quelque chose de particulièrement cruel
quand elles ont été plus ou moins accueil-
lies par des hommes dont l'opinion
n'avait rien de défavorable à la cause
royaliste, qui même en étaient les fer-
vents, comme l'historien Crétineau-Joly.
Plus on les examine cependant, plus on
pèse les témoignages et les documents,
quelques uns nouveaux, d'autres évidemment détournés de leur signification
véritable, plus il ressort qu'elles ont un
point de départ visiblement calomnieux,
et que, hors de là, tout les dément ; de
telle sorte que le résultat négatif de la
tentative de l'Ile d'Yeu ne peut être, sans
injustice, imputé au prince qui, trop
longtemps, en a porté la responsabilité
aux yeux de beaucoup.*

Telle est la conviction qui n'a cessé de s'affermir chez moi, à mesure que j'ai poursuivi le cours du présent travail. Et quant à ce travail lui-même, sans avoir la prétention qu'il doive fixer définitivement le jugement de l'Histoire, je crois qu'il montrera en défaut, sur les points les plus importants, tous les détracteurs — quelquefois trompés eux-mêmes de bonne foi — de la mémoire du comte d'Artois, et qu'il apportera, pour tout esprit non prévenu, un élément appréciable au verdict complètement justificatif dont je ne doute pas pour l'avenir.

P. B. P.

Le Comte d'Artois

ET

L'EXPÉDITION DE L'ILE D'YEU

—————•O•—————

I

Tardif appel au comte d'Artois

Combien l'Angleterre, l'Autriche et généralement les puissances européennes, — sauf, à quelques moments, l'Espagne et la Russie, — furent égoïstes dans leur politique, pendant la durée de la période révolutionnaire ; combien la restauration de la monarchie en France pesa peu dans leurs calculs auprès de leurs ambitions et de leurs intérêts particuliers, la démonstration n'en est plus à faire. Il y eut loin dans l'attitude des royautés étrangères vis-à-vis de nos malheureux Bourbons, à celle de Louis XIV prodiguant aux Stuarts détrônés la magnificence de son hospitalité et les secours de ses armées de terre et de mer. En cela, sans doute, elles comprirent étrangement les dangers dont elles-mêmes étaient menacées et la force que leur eût donnée une intervention désintéressée, appuyant loyalement la résistance des Royalistes armés contre la République.

L'Angleterre, particulièrement, si rapprochée des côtes de la Bretagne et du Poitou, maîtresse absolue de la mer, pouvait seconder efficacement l'effort des insurgés de ces provinces et probablement asurer leur triomphe ; elle ne le voulut jamais sérieusement. — Peut-être, au début, ne connut-elle pas bien les événements de la Vendée, mais, avant l'échec irrémédiable de Granville, elle était instruite. Elle avait fait des préparatifs d'une certaine importance, et, non seulement les forces qu'elle avait assemblées ne bougèrent pas, mais elle contint, par des menaces de mort, les Emigrés réunis à Jersey au nombre de sept mille, alors que la moindre démonstration sur la côte normande, distante de quelques lieues à peine, eût suffi vraisemblablement (1) pour faire ouvrir les portes de Granville, déjà presque forcées par l'armée Vendéenne ; et quels changements incalculables pouvaient en résulter dans la suite des événements !

Lorsque Charette eut réussi à s'emparer de l'île de Noirmoutier, on le laissa de même à ses propres forces, quand il était si facile d'assurer son maintien et de lui donner la main d'une manière permanente.

Cependant, plus les désastres s'accumulaient pour la Vendée, plus on sentait la faute de ne pas les avoir prévenus. On tenait à ne pas laisser s'éteindre tout à fait les foyers d'insurrection ; alors, il devenait nécessaire de faire luire quelques espérances, qui toujours ne devaient être que des leurres. En pareil cas, on faisait montre de préparatifs et d'armements, sans craindre même une imprudente et dangereuse ostentation ; mais, surtout, on affectait de mettre en

---

1. Voir, entre autres, les *Mémoires de Madame de la Rochejacquelein.*

avant un homme dont la loyauté incontestable ne cessa d'être abusée.

François Rawdon - Moira, marquis d'Hastings, mais plus connu sous le nom de lord Moira, « l'homme d'Angleterre le plus fait pour inspirer de la confiance aux Royalistes, n'avait jamais cessé de manifester le désir qu'il avait de contribuer à réédifier l'antique monarchie des Bourbons. Incapable d'adopter les idées machiavéliques de son gouvernement, il aurait porté en France les intentions les plus pures, comme il aurait mis en œuvre tous les moyens qui étaient à sa disposition, pour faire triompher la cause qu'il brûlait de servir » (1). C'est lui qui déjà, lors du siège de Granville, avait été, — ou avait semblé l'être, — destiné à coopérer au mouvement des Vendéens. Depuis, on le retrouvera toujours en réserve comme « un épouvantail contre les Républicains, un moyen de diversion en faveur de la coalition formée contre la France » (2); mais jamais il ne sera chargé d'aucune action effective.

1. *Mémoires du général d'Andigné*, t. 1, p. 230.
2. *Ibid*, p. 231

En réalité, l'Angleterre craignait la France des Bourbons autant et plus que la France de la Révolution. Si elle admettait le rétablissement de la Royauté, c'était par les armes étrangères, c'est-à-dire en supposant notre patrie vaincue, plus ou moins diminuée au profit de la coalition et surtout au sien propre. Mais elle ne trouvait pas son compte au triomphe des Royalistes amenant cette restauration sans que nos frontières fussent entamées, permettant même à la Monarchie de conserver les conquêtes républicaines. Ces conquêtes, elle les regardait comme précaires avec un gouvernement qui paraissait l'être essentiellement lui-même et qui avait contre lui l'Europe entière ; elle ne voulait pas qu'elles puissent devenir définitives.

C'est bien là ce qui semble lui avoir inspiré, avant tout, la crainte de voir un Bourbon toucher le sol français, crainte qui lui fit éloigner le comte d'Artois par un procédé d'une singu lière mesquinerie, en le laissant sous le coup de poursuites qu'aurait écartées le remboursement de quelques milliers de livres sterling dont les besoins trop compréhensibles de sa situation l'avaient amené à s'endetter, par suite de quoi, le séjour du Royaume Uni lui devint impossible après la campagne de 1794.

Le pauvre prince vivait, depuis lors, tristement réfugié dans un coin de l'Allemagne, au château de Hamm, en Wesphalie, où les appels des Royalistes français n'étaient pas cependant sans lui parvenir. On peut juger combien cette situation lui pesait par la lettre qu'il écrivait (1), le 4 avril 1795, au duc d'Harcourt, son représentant à Londres, pour se plaindre d'être retenu sur ce point éloigné du continent, « alors, disait-il, qu'il est connu de l'univers que je suis appelé par le vœu de mes compatriotes pour combattre à leur tête », ajoutant qu'il fallait tout faire pour que le gouvernement anglais écoutât son désir « d'être rapproché de tout point où il pût être utile, en l'envoyant *sur-le-champ* soit à Jersey, soit à Southampton, soit enfin sur un bâtiment, dans un des ports de l'Angleterre, s'il existait

1. De Lilienthal, près Brémen.

encore des inconvénients qui puissent l'empêcher de débarquer sur une des possessions de Sa Majesté Britannique. » (1)

Rien n'y fit, et le gouvernement anglais tint à organiser sans lui l'expédition de Quiberon, où l'on peut affirmer que sa présence aurait, tout au moins, fait disparaître les incertitudes et les rivalités de commandement, principale cause du désastre.

Lord Stanhope, l'historien de Pitt, n'a pas craint d'insinuer cependant, que l'abstention du Prince, en cette occasion si capitale, lui était imputable à lui-même. Il « ne refusa pas, dit cet auteur, mais il fit des difficultés et tarda à se décider », (2) calomnie qui cherche à rester voilée, mais qui n'en est que plus venimeuse, en même temps qu'elle est sans excuse, comme le montre, en toute évidence, la lettre suivante de lord Grenville, mi-

1. Ces derniers mots font allusion à la misérable question de dettes qui avait servi à l'éloigner. — Tiré du RECORD OFFICE, et cité par l'abbé Robert (*Expédition des Emigrés à Quiberon*, p. 216).

2. *Life of Pitt*, traduction Guizot, t. II, p. 237. Cité par l'abbé Robert, p. 214.

nistre des affaires étrangères, écrite *trois jours après* le départ de l'expédition, alors qu'on se décidait à faire enfin au comte d'Artois un signe tardif, sur des motifs que nous chercherons à pénétrer plus loin, dans la mesure du possible :

« A Londres, ce 19 juin 1795.

« MONSEIGNEUR,

« Le Roi, mon maître, a bien voulu me charger d'informer Votre Altesse Royale que Sa Majesté vient de prendre des mesures pour rassembler les corps de Royalistes français qui se trouvaient dans le Royaume et pour les débarquer en Bretagne, pour qu'ils puissent se joindre au parti royaliste de cette province. Dans la même vue, Sa Majesté fait venir sur les côtes d'Angleterre les corps français qui étaient encore sur le continent, afin de seconder la première entreprise.

« Comme l'intention de ces envois est plutôt de protéger le débarquement des provisions et des munitions militaires que Sa Majesté envoie aux Royalistes de Bretagne que de tenter une entreprise militaire avec une force si peu considérable, *Sa Majesté n'a pas cru devoir pro-*

poser à Votre Altesse Royale de se joindre à une expédition dont l'issue pourrait être très incertaine. Mais elle sait apprécier tout le zèle de Votre Altesse Royale et son impatience naturelle de se distinguer à la tête des Français combattant pour la Religion et pour le Roi. Elle se persuade que le malheur dont l'auguste maison de Votre Altesse Royale vient d'être frappée (1) n'aura rien changé aux sentiments de ceux qui ont, jusqu'ici, soutenu cette cause d'une manière si glorieuse. Et si, comme il y a quelques raisons de l'espérer, l'arrivée des secours que Sa Majesté leur envoie et l'assurance d'un *appui plus puissant* que Sa Majesté peut actuellement leur offrir, les mettait dans le cas de pouvoir reprendre les armes et se montrer assez forts pour que Votre Altesse Royale pût se mettre à leur tête sans trop se compromettre, Sa Majesté n'aurait rien de plus à cœur que de soutenir leurs efforts, et elle regarderait comme un des plus puissants moyens à employer pour cet objet celui de faciliter l'arrivée d'un

1. La mort du jeune roi Louis XVII.

prince qui, par son caractère et sa conduite, ne pourrait manquer de contribuer à la réussite d'une si glorieuse entreprise. » (1).

Ainsi, jusqu'à cette date, aucune proposition n'a été faite ; il ne peut subsister le moindre doute à cet égard ; la déclaration en est formelle, et, cette fois encore, on ne donne qu'un espoir assez vague, subordonné aux circonstances et aux volontés peu arrêtées, semble-t-il, du ministère. — Ce n'est pas le Prince, dans tous les cas, que l'on peut accuser de vouloir atermoyer. Il répond, (2) le 1ᵉʳ juillet :

« Mon excessif éloignement du point où je suis appelé, depuis si longtemps, et la prolongation de mon séjour au fond de l'Allemagne peuvent et doivent produire les plus grands inconvénients.... Les ennemis du gouvernement anglais chercheront perfidement à persuader que

1. RECORD OFFICE, nᵒ 600.

2. De Graland, près Brémen.

l'Angleterre veut la ruine de la France, et ils appuieront leurs dires, d'un côté sur le retard de la reconnaissance publique du roi légitime, et de l'autre sur l'éloignement où on me retient du lieu où je suis appelé par le devoir, par le vœu de mes fidèles compatriotes et par tous les sentiments de mon cœur. » (1).

Enfin, déterminé peut-être par cet énergique langage, lord Grenville prend son parti. Il se rend au vœu du Prince ; — on doit le croire du moins. — Il lui écrit, le 7 juillet : (2).

« Les ministres du Roi s'attendent à recevoir encore des informations plus détaillées sur l'état de la Bretagne et des provinces limitrophes ; mais ce qui en est déjà connu a paru si favorable, que le Roi s'est déterminé à ne pas différer la demande dont j'ai déjà eu l'honneur de prévenir Votre Altesse Royale. Sa Majesté a toujours désiré de faciliter à Votre Altesse Royale les moyens de se joindre

1. RECORD OFFICE, n° 600.
2. Downing street.

à ceux qui ont si glorieusement soutenu la cause de leur religion et de leur roi. Elle en voit enfin arriver le moment et elle s'empresse d'en profiter, dans la conviction la plus intime qu'elle ne peut mieux contribuer au rétablissement de l'ordre en France, et au retour de la tranquillité de l'Europe entière, qu'en réunissant aux Royalistes de l'intérieur un prince dont le caractère ne pourra manquer de les attacher encore plus au sang de leurs rois.

« Sa Majesté a donné les ordres nécessaires pour qu'il soit envoyé à Stade un vaisseau de ligne avec une frégate pour transporter Votre Altesse Royale avec sa suite. Le commandant aura l'ordre de recevoir les personnes que Votre Altesse Royale jugera à propos de lui indiquer et de se rendre d'abord à Spithead, où Votre Altesse Royale pourra être instruite de l'état actuel de la Bretagne, selon les derniers avis qu'on en aura reçus ici, enfin de mieux connaître tout ce qui peut avoir rapport à son voyage pour la France. »

II

En Angleterre

Comment l'Angleterre se détermi-nait-elle enfin à permettre que le comté d'Artois allât prendre la tête des Royalistes de l'Ouest ? — Pensait-elle que la Prusse ayant mis bas les armes depuis le mois d'avril (paix de Bâle, 5 avril) ; que l'Espagne étant à la veille d'abandonner à son tour la coalition (22 juillet), il fallait à tout prix relever la résistance intérieure, réduite à peu de chose ou à rien depuis les traités de la Jaunais et de la Mabilais ; que cette carte restait seule aux ennemis de la Révolution ; qu'on risquait moins, après tout, même d'un triomphe purement monarchique, que de la République vic-torieuse, imposant la paix à toutes les puissances du continent ? — Sans doute, ce fut le sentiment des mieux avisés, sinon des plus influents de ses hommes d'État.

Peut-être aussi, était-on simplement à bout de prétéxtes dilatoires à opposer au Prince, et feignait-on de lui ouvrir les portes de la France, avec l'arrière-pensée que les moyens, les difficultés de tout genre ne manqueraient pas pour les fermer au dernier moment.

D'un autre côté, le successeur de Louis XVII, roi de France depuis quelques semaines, malgré les obstacles physiques qui semblaient lui interdire un rôle guerrier, se montrait lui-même disposé à chercher les moyens de descendre dans ses Etats, et il est permis de se demander, avec Crétineau-Joly, si le cabinet de Saint-James ne pensait pas « qu'il aurait meilleur marché de la courtoise loyauté du comte d'Artois que de la spirituelle ténacité de Louis XVIII. »

Il est difficile d'avoir, à cet égard, le dernier mot de la politique anglaise à ce moment précis ; mais tout laisse croire que, dans l'ensemble, ses répugnances à une action sérieuse des princes français n'avaient pas fléchi, qu'on ne voulait du moins y arriver qu'à la dernière extrémité, et probablement quand il serait trop tard.

Quoiqu'il en soit, à la lecture de la lettre du ministre britannique, on se flatta chez le comte d'Artois de tous les espoirs. Les défiances passées firent place à des sentiments tout contraires ; comment ne pas croire sans réserve à des promesses si formelles ?

Nous rappellerons en deux mots quel était le prince à qui elles s'adressaient. Né en 1757, le second frère de Louis XVI, qui venait de prendre le titre de *Monsieur*, depuis le récent avènement de Louis XVIII, était alors dans toute la force de l'âge. Peu mêlé, dans sa jeunesse, à la politique, il s'était contenté d'être, à la cour de Versailles, le prince brillant et charmant par excellence. Distingué par sa courtoisie, sa loyauté chevaleresque (1), la grâce suprême de sa personne et de ses manières, il était plutôt fait pour captiver les cœurs que pour lutter contre la fortune et tenir tête

---

1. Tout le monde connait l'histoire de ce duel avec le duc de Bourbon, que Taine rapporte comme le dernier mot du bon ton et du raffinement des manières princières. (*L'Ancien Régime,* p. 184).

aux orages. Une jeune femme douée de toutes les qualités — on n'ose dire les vertus — que comportait l'irrégularité d'une situation trop facilement admise par les mœurs du temps, avait été pour lui une la Vallière non moins touchante et sympathique que sœur Louise de la Miséricorde ; mais cette influence qui achemina vers une haute piété la seconde partie de la vie du Prince avait pu commencer par être un peu amollissante.

Emigré aux premiers jours de la Révolution, il avait parcouru l'Europe pour tâcher d'intéresser les différentes puissances à la cause de la monarchie menacée, puis bientôt tombée dans le sang de Louis XVI. Il avait accueilli la Rouërie à Coblentz et encouragé les efforts du chef de la coalition bretonne, rêvant d'en prendre la tête le jour où elle déploierait le drapeau de la Royauté.

Il avait également paru aux armées qui combattaient la République, notamment durant la campagne de 1792, en Champagne, et celle des Pays-Bas, sur le Rhin Inférieur, à la fin de 1793, ayant alors auprès de lui le duc d'Angoulême, son fils aîné, mais sans y tenir jamais un premier rôle, que n'étaient disposées à lui permettre ni l'Autriche ni l'Angleterre. On y citait seulement des traits de sa bonté d'âme et de sa présence d'esprit, au milieu des dangers qu'il s'efforçait d'écarter des autres bien plus que de lui-même (1).

Evidemment, ce n'était pas, par les grands côtés, le caractère de son aïeul Henri IV. Il n'était soldat ni par son éducation, ni peut-être par tempéramment ; mais, si rien n'autorise à en faire un héros d'aventures, à voir en lui l'homme des grandes décisions et des grandes entreprises, bien moins encore a-t-on le droit de l'estimer indigne du sang dont il sortait, au point de vue du courage, du devoir et de l'honneur ; et les accusations que nous verrons bientôt s'attacher à sa personne seront loin de changer notre sentiment à cet égard, examen fait de son attitude et de ses actes dans les circonstances que nous avons à étudier.

Dès longtemps il avait manifesté son désir ardent de se réunir aux Vendéens.

1. Villeneuve de la Roche-Barnbud. *Mémoires sur l'expédition de Quiberon*, pp. 39, 40.

Lorsque, au début du soulèvement, un premier appel des Insurgés lui fut porté par le
chevalier de Tinténiac, il y répondit que
« sa volonté était de tout employer pour
répondre à cette invitation », mais il ne
cacha pas qu'occupé à en chercher les
moyens depuis quatre mois, « il avait eu
la douleur de ne rencontrer que des obstacles. » C'étaient bien en effet des obstacles que lui suscitait incessamment
la politique des puissances étrangères.
Cependant, au commencement de 1794,
lord Moira fut chargé d'un de ces simu-
lacres d'expédition si souvent renouve-
lés, dont nous avons déjà parlé. Le comte d'Artois lui fit exprimer de suite son
ambition « de servir dans l'armée qu'il
commande, sans demander aucun grade,
et sans avoir aucune prétention, seulement d'y être en qualité de volontaire » ;
et comme des difficultés et des craintes
lui étaient opposées, une note de lui du
24 mars, tirée des papiers de Puisaye et
publiée par M. le marquis d'Elbée (1),
porte ce qui suit :

« N. (le comte d'Artois) a reçu avec un

1. Gazette de France du 19 septembre 1905.

extrême plaisir l'assurance des sentiments de O (lord Moira), qui lui ont été transmis par la lettre de....

« Les Royalistes ont appelé et demandé N., sans cesse, depuis dix-huit mois ; il est entièrement important que N. paraisse personnellement dès les premiers moments du débarquement, pour donner par sa présence pleine et entière confiance.....

« N. prie donc, conjure O de cesser toutes les considérations qui auraient pour objet d'écarter les dangers qu'il doit et qu'il veut partager avec le premier des soldats qui touchera sur (la) terre de France.... »

Ces instances furent renouvelées en nombre d'autres circonstances. On tenta de faire équiper un bâtiment à Southampton et de se lancer à tous risques et périls ; mais les ministres anglais envoyèrent l'ordre d'arrêter l'armement, en déclarant qu'ils entendaient prendre eux-mêmes le soin de transporter les Princes en France, promesse, — si c'en était une — qu'ils se gardaient bien de tenir. Enfin, d'après l'apparence, on pouvait croire qu'à cette heure ils étaient venus à d'autres sentiments.

Le premier mouvement de *Monsieur*,
avons-nous dit, fut tout de joie et d'espérance, au reçu des missives anglaises.
Le 19 juillet, il remercie lord Grenville
avec effusion (1). Il écrit en même temps
à son parent le prince de Condé :

« Enfin, mon cher cousin, c'est du positif que je puis vous donner. La première descente de M. de Puisaye a eu
un plein succès. Le général m'a écrit
pour me dire qu'il était sûr de se maintenir (hélas !) et que ma présence pourrait produire un effet utile et peut-être
décisif. J'ai reçu en même temps une lettre de lord Grenville qui m'annonce
avec beaucoup de grâce que le roi d'Angleterre m'envoie un vaisseau pour me
porter à la tête des Royalistes. Dites-vous
à vous-mêmes et dites en mon nom à
votre armée que si je m'éloigne d'elle,
c'est pour la mieux servir, et que c'est

1. Lettre datée de Graland, près Brémen.

au centre du Royaume que nous nous donnons rendez-vous. » (1).

Les préparatifs du départ ne traînent pas. Dès le 23 juillet, le Prince s'embarque, probablement à Stade, à l'embouchure de l'Elbe, et, peu de jours après, il est à Speathead, en avant de Portsmouth, sur le vaisseau l'*Axus* ; mais il est toujours réduit à rester à bord par l'obstacle résultant des quelques dettes dont nous avons parlé, obstacle que le gouvernement anglais s'est bien gardé de lever.

Cependant, à l'arrivée du comte d'Artois, la situation se trouvait tristement changée. Après la nouvelle des premiers succès de la descente à Quiberon, on venait d'apprendre la catastrophe finale (16-21 juillet), et l'Angleterre, au lieu de redoubler ses efforts pour faire honneur quand même à la parole donnée au Prince, ne semblait plus occupée qu'à éluder ses récentes promesses.

Elle avait bien fait briller aux yeux

1. *Mémoire de la Roche-Barnaud, p. 136.*

des Royalistes français l'espoir d'une expédition de beaucoup plus importante que toutes les précédentes. Vingt mille hommes qui devaient en constituer la principale force étaient réunis depuis un mois à Southampton ; et ce qui ajoutait singulièrement à la confiance qu'inspiraient ces préparatifs était le nom du chef désigné pour le commandement supérieur, lord Moira, dont nous avons déjà vu combien le caractère était apprécié de tous les amis de la Monarchie. Il avait dit à d'Andigné, en lui témoignant le zèle et les intentions qui l'animaient : « Monsieur le chevalier, je crois avoir enfin la certitude d'être envoyé en France. Une fois débarqué, je n'aurai plus de compte à rendre qu'au Parlement » (1). C'est-à-dire qu'il entendait déjouer les intrigues et la mauvaise volonté du ministère.

Les sentiments qu'avait l'Emigration pour cet homme loyal engagèrent un grand nombre de gentilshommes français à solliciter l'honneur de servir sous ses ordres et à former une compagnie

1. *Mémoires du Général d'Andigné*, t. 1, p. 230.

de volontaires qui devait porter son nom. Plus de cent-cinquante, dont beaucoup appartenaient aux premières familles du Royaume, s'y firent bientôt inscrire par considération pour sa personne, non moins que par dévouement pour la cause qu'il allait, croyait-on, servir.

A côté de lui, cependant, un autre chef, le général Doyle, animé d'un esprit beaucoup moins assuré, réunissait aussi un petit corps de trois à quatre mille hommes, à même destination d'un débarquement sur les côtes de France. C'est lui qui, peu de temps après Quiberon, tenait à Suzannet ce propos, « que son gouvernement n'avait qu'à *s'applaudir* de cette expédition, malgré son fâcheux résultat, puisqu'elle avait forcé le Directoire à retirer de l'armée d'Allemagne une partie des forces que l'archiduc Charles avait sur les bras » (1). C'était, tout au moins, avoir la consolation facile ; mais ainsi raisonnait le ministère Pitt, soucieux uniquement des intérêts anglais.

La mission première du général Doyle

---

1. *Mémoires du général d'Andigné*, t. I, p. 254.

avait été de suivre, à quelque intervalle, Puisaye et Sombreuil. Son corps, auquel étaient adjoints quelques centaines d'E-migrés, devait former un de ces *petits paquets*, comme on dirait aujourd'hui, que le ministère envoyait avec tant d'in-telligence, ou selon quelque ténébreux dessein, se faire écraser sur nos côtes, en prenant soin, toutefois, que le sang an-glais ne fût pas en danger de couler.

Ce troisième convoi venait de recevoir son ordre de départ, quand parurent les nouvelles de la catastrophe du 21 juillet, qui changeaient forcément toutes les dispositions.

Mais avant d'aller plus loin, le mo-ment est venu d'aborder la question des premières calomnies de ce malheureux comte de Vauban, calomnies qui, du moins, ont été lancées sous son nom, quoique, en réalité, plus ou moins apocry-phes. Et d'abord, quel était l'auteur sup-posé de ces tristes Mémoires, sur lesquels on a basé principalement les incrimina-tions qui n'ont cessé de poursuivre le com-te d'Artois et qui même ont trouvé certaine créance chez d'autres que des malveillants?

Ancien colonel du régiment d'Orléans-Infanterie, aide de camp du comte d'Artois lui-même, durant la campagne de Champagne, assurément, on ne peut le prendre pour le premier venu. Bréveté également colonel en Russie par l'impératrice Catherine, en 1793, avec promesse du grade de général-major, il fit partie, comme maréchal de camp, du premier corps expéditionnaire débarqué à Quiberon et fut un des principaux chefs mis à la tête des insurgés morbihannais, qu'il commanda avec un courage et une intelligence incontestables (1), pendant la courte durée des opérations. Puisaye auquel il s'attacha, et dont il resta toujours l'ardent panégyriste, le fit nommer depuis maréchal général des logis des armées Royales, titre, à vrai dire, à peu près honoraire, qui cependant lui donnait nominalement le second rang dans la hiérarchie du commandement. On ne le retrouve plus guère, dans la suite,

1. Quoiqu'on lui ait reproché la mauvaise issue de son débarquement à Carnac, avant la désastreuse affaire de Sainte-Barbe.

qu'à Londres et en Russie, où il retourna en 1796, mais il ne cessa, paraît-il, d'être dévoué de cœur à la cause royaliste, et, rentré en France, fut incarcéré arbitrairement, au commencement de l'Empire, quand pareilles captivités se terminaient souvent par des morts mystérieuses, comme celles de Pichegru et de l'anglais John Wesley-Wright. C'est alors qu'il eut la coupable faiblesse d'acheter sa liberté et peut-être sa vie, en mettant sa plume au service de Fouché. L'aveu qu'il en a fait, avec celui de ses remords, a été attesté par son propre frère, par le duc de Fitz-James et par plusieurs autres de ses contemporains, ainsi qu'en témoignent les mémoires de M. Charles de la Tousche (1) et de Villeneuve de la Roche-Barnaud (2). Les siens avaient paru en 1806, sous le titre de *Mémoires pour servir à l'histoire de la guerre de Vendée*, par M. LE COMTE DE *** ; et, soit qu'il eût écrit sous l'œil des policiers de Fouché, soit que ceux-ci fussent, au moins pour une bonne part, les véritables rédac-

1. *Relation du désastre de Quiberon*, pp. 59, 60, 145.

2. *Mémoires*. Préface, p. XI.

teurs (1), le caractère mensonger de cette œuvre d'outrage à l'égard du comte d'Artois ne peut faire doute. Sur bien des points, du reste, elle se réfute elle-même par ses propres contradictions.

Pour commencer, l'auteur, ou supposé tel, parlant de l'expédition de l'île d'Yeu, dit que « les Anglais, tout en plaignant le malheur qui était arrivé et en gardant le silence sur les fausses inculpations dont ils étaient l'objet, songeaient à réparer cet échec (de Quiberon), préparaient de nouveaux moyens, et, sans se plaindre du mauvais emploi des secours qu'ils avaient donnés, n'étaient occupés qu'à en fournir de nouveaux, en leur donnant une consistance capable de décider le sort des pays royalistes et la cause des Bourbons. » Puis il ajoute : « La troisième expédition, à laquelle les deux premières avaient donné l'impulsion, était prête ; *Monsieur*, qui l'avait sollicitée, s'était trop avancé pour ne pas se montrer, d'autant que rien n'était désespéré. Elle était au moment de mettre

____

1. M. Bittard des Portes doute même absolument de l'authenticité quelconque de ces mémoires, qu'il qualifie toujours de « mémoires ou libelle *attribué* à Vauban... »

à la voile ; elle, devait porter Son Altesse Royale *Monsieur.* Il n'était pas possible de reculer ouvertement » (1).

Ainsi, le comte d'Artois arrivé en
Angleterre, sans trace jusque là d'hésitation, — on l'a vu surabondamment, —
n'aurait cherché qu'à ne pas aller plus loin.
Voyons ce qu'il en est ; s' « il n'était pas
possible de reculer ouvertement » ; si les
prétextes ou, les raisons lui auraient
manqué ; si on ne fit pas tout, au contraire, pour les lui offrir.

On l'avait appelé sur des nouvelles
triomphantes ; il trouvait tout perdu, ou
peu s'en faut. On préparait, dit Vauban,
« de nouveaux moyens.... une grande expédition », mais ce qu'il n'ajoute pas,
c'est qu'au moment où pareil effort était,
en effet, plus nécessaire que jamais, le
ministère faisait savoir que l'accession
de l'Espagne à la paix de Bâle (22 juillet),
empêchait d'employer le corps de lord
Moira en France, et que « la grande ex-

1. *Mémoires de Vauban,* pp. 421, 422.

pédition » serait dirigée sur.... Saint-Domingue, suivant que le ministre de la guerre Wyndham en fit la déclaration à d'Andigné, dans les premiers jours d'août : « Cet événement inattendu les empêchait, me dit-il, d'employer en France, pour faire triompher la cause royale, des forces dont ils étaient obligés de disposer pour s'assurer de Saint-Domingue. » Si bien, poursuit l'auteur vendéen, que « la paix de Bâle porta ainsi le coup le plus sensible aux Royalistes français » et que la démonstration de l'Angleterre « ne fit que nuire à leur cause, puisqu'elle donna l'éveil au gouvernement français sur leurs desseins, et le détermina à les réduire dans un moment où l'armistice avec l'Autriche et la paix avec l'Espagne lui permettaient de disposer de forces considérables » (I).

C'étaient là des raisons malheureusement trop sérieuses pour porter à réfléchir, raisons, — pour le dire en passant, — qu'il est difficile, en ce qui concerne lord Moira, de ne pas imputer à la mauvaise volonté et au parti pris de

1. *Mémoires du général d'Andigné*, t. 1, p. 257.

l'Angleterre, car, dans sa lutte avec la République, il ne pouvait y avoir de comparaison entre l'importance de l'action royaliste sur le sol français et l'intérêt que pouvait lui offrir le soutien de la révolte des Noirs haïtiens.

Le gouvernement le comprit si bien que lord Grenville se crut obligé d'inviter *Monsieur*, en raison des événements, à ajourner ses projets et à rester provisoirement en rade de Portsmouth (1). En effet, si on n'avait pas cru devoir l'appeler pour une expédition comme celle de Quiberon, dans quelles conditions allait-on le lancer presque seul aujourd'hui? Mais le Prince, malgré tout, ne se montre pas ébranlé. Il répond au ministre qu'il ne demande qu'une chose, savoir qu'on le conduise en France, en priant qu'on lui déclare « ce que le gouvernement anglais comptait et voulait faire pour les Royalistes français, et par conséquent pour lui » (2).

A ces instances, sur lesquelles, peut-être, on n'avait pas compté, lord Gren-

---

1. Lettre du 7 août. RECORD OFFICE.

2. Lettres des 12 et 13 août. IBID.

ville répondait à son tour que, sans doute, le désir de Sa Majesté était toujours de soutenir les Royalistes français, « .... *mais* que Son Altesse Royale ne manquerait pas de sentir que le désir de Sa Majesté doit être subordonné *aux événements et surtout aux intérêts* des Etats dont le bonheur est confié par la Providence aux soins paternels de Sa Majesté » (1).

Tout ce qu'on offrait au comte d'Artois était de lui permettre de se joindre, s'il persistait dans son dessein, à la petite expédition que le général Doyle, — à défaut de Moira (2), — devait conduire à l'ile d'Houat, pour secourir les Royalistes, tristes restes de Quiberon, abandon-

1. Lettre du 13 août. RECORD OFFICE.

2. Des nouvelles parvenues à l'ile d'Houait le 16 août annonçaient cependant encore l'arrivée du comte d'Artois et de lord Moira avec des renforts considérables, mais, intentionnellement ou non, c'était un leurre en ce qui concernait Moira. (*Souvenirs du comte de Contades*).

Il semble aussi qu'on ait tenu à maintenir les Républicains en éveil par les mêmes nouvelles, car le général Canuel écrivait encore le 4 septembre : « On dit que les Anglais commandés par le comte de Moira, parti depuis peu avec une flotte considérable, doivent débarquer avec vingt ou trente mille hommes. On annonce que le comte d'Artois est du nombre.

« Tout le monde est d'accord sur un grand mouvement.... » (SAVARY, t. V, p. 373).

nés sur ce rocher, et, de là, tâcher de
faire parvenir à Charette quelques subsides, armes et munitions. Encore se
réservait-on de déclarer bientôt que si
ce général devait emmener avec lui quelques milliers de soldats anglais, il lui
était interdit de s'en servir pour prêter
aucune assistance active aux insurgés
de la Bretagne et du Poitou.

On ne voit pas ce qu'on aurait pu faire
de plus pour décourager le Prince et
l'amener à suivre le conseil qu'on lui
donnait, le 9 août, de tout ajourner jusqu'à des circonstances meilleures. Lui,
cependant, répond à lord Grenville, sans
plus longues réflexions, qu'il « accepte
avec satisfaction et reconnaissance d'ac-
compagner le général Doyle » (1).

D'Andigné raconte qu'il le vit à Portsmouth dans ces jours-là, et fut frappé de
l'émotion qu'il lui montra en lui disant
« que son plus doux moment serait celui
où il pourrait se réunir aux fidèles sujets
qui avaient combattu si vaillamment
pour son auguste maison.... qu'il ne né-

1. Lettre du 16 août. Record Office.

gligerait aucune occasion pour se rendre auprès d'eux. » Mais le brave Vendéen ajoute : « Un pressentiment que je ne pouvais éloigner me disait que la faible expédition destinée à porter S. A. R. *Monsieur* sur les côtes du Poitou ne serait encore qu'un épouvantail pour les Républicains et qu'elle ne prendrait pas terre ; aussi me refusai-je constamment à en faire partie » (1). Cette défiance et cette abstention de l'officier angevin sont assez significatives.

L'expédition achevait cependant de s'organiser, et la flotte levait l'ancre le 25 août (2), se dirigeant sur l'île d'Houat. Elle emportait, suivant les Mémoires de Vauban, « deux mille hommes

1. *Mémoires du général d'Andigné*, t. 1, p. 261. — D'Andigné s'était au contraire empressé de demander à faire partie de l'expédition quand on avait cru que lord Moira devait la commander ; le ministre Widham le lui avait accordé ; il avait même déjà pris place sur les transports anglais, mais le changement d'affectation du chef d'abord désigné le détourna de suivre sa première inspiration, en lui enlevant l'espoir d'un résultat sérieux. Le comte d'Artois fut plus confiant, mais non pas aussi perspicace.

2. Le 22 août, suivant certains autres.

de troupes anglaises, deux détachements
de hulans britanniques et des hussards
de Choiseul, formant cinq cents hommes
de troupes à cheval (françaises) ; les cadres qui formaient le nombre de quatre
à cinq cents officiers ; une quarantaine
d'officiers supérieurs, composant la suite
de *Monsieur* ; de l'artillerie, dont une
partie avait ses chevaux » (3) ; soit un
total de trois à quatre mille hommes,
dont un peu plus d'un millier de Français. Le comte d'Artois était à bord du
vaisseau le *Jason*. La direction devait
être remise, à l'île d'Houat, au commodore Sir John Borlare-Warren.

Les vents furent-ils contraires, ou
quelles autres causes, quels calculs peut-
être, retardèrent la marche des vaisseaux
anglais ? Toujours est-il que la traver-
sée dura près de trois semaines, donnant
aux Républicains le temps de prendre
toutes leurs mesures pour garnir les côtes
et les rendre inaccessibles.

Il ne semble pas que, dès l'instant du

3. *Mémoires,* p. 211.

départ, il y ait eu la moindre hésitation quant à l'objectif qu'on se proposait, et tout indique que les projets du comte d'Artois étaient invariablement arrêtés dans le sens d'une descente sur la côte du Poitou et de la réunion avec Charette.

L'illustre général dont la renommée avait au loin publié les exploits, mais dont on s'exagérait évidemment la puissance et les moyens réels à ce moment, était regardé comme la tête de toutes les forces royalistes, comme également supérieur par le courage et par le génie militaire. Rien ne peint mieux le prestige qui s'attachait partout à son nom que les termes dans lesquels lui écrivait Souwarow, le 1er octobre 1795 : « .... Brave Charette, honneur des chevaliers français, l'univers est plein de ton nom. L'Europe étonnée te contemple, et moi je t'admire et je te félicite, Dieu te choisit comme autrefois David pour punir le Philistin...» (1) Louis XVIII l'appelait *le second*

1. Correspondance de Charette, t. I, p. 37.

fondateur de la Monarchie (1), et un de ses premiers actes, après son avènement, avait été de le nommer généralissime de toutes les armées Catholiques et Royales (2), non sans qu'il en résultât certaines jalousies parmi les autres chefs. Une lettre

1. Lettre du comte d'Avaray, 7 d'août 1795. SAVARY, t. v, p. 311.

2. Le Roi formulait ainsi ce mandat :

« La Providence m'a placé sur le trône ; le premier et le plus digne usage que je puisse faire de mon autorité est de vous confier un titre légal au commandement que vous ne deviez jusqu'à présent qu'à votre courage, à vos exploits à la confiance de mes braves et fidèles sujets. Je vous nomme donc général de mon armée Catholique et Royale. En vous obéissant, c'est à moi-même qu'on obéira.

« Je n'ai pas pu vous apprendre encore que je vous avais nommé lieutenant-général au mois de juillet 1794. Mais ce n'est pas seulement les armes à la main que vous pouvez me servir. Un de mes premiers devoirs est de parler à mes sujets, d'encourager les bons, de rassurer les timides ; tel est l'objet de la déclaration que je vous envoie et que je vous charge de publier. »

Suivait cette déclaration qui fut transmise par Charette à toutes les armées royalistes avec un ordre du jour du 28 juillet, où il disait : « Monseigneur le comte d'Artois et Monseigneur le duc de Bourbon vont incessament se réunir aux Royalistes, avec des forces considérables. Qu'ils les trouvent chacun à son poste, et le général se flatte que chaque chef ira leur faire hommage de ses succès. »

Il est peut-être bon de remarquer que nous ne trouvons pas le texte de la déclaration royale et celui de l'ordre du jour de Charette dans nos sources habituelles, mais seulement dans la *Lettre à mes neveux*, de Guillemot, (pp. 111, 114), où les deux pièces sont données comme ayant été publiées dans tous les cantons du Morbihan.

du 8 juillet, qui l'investissait de ce commandement suprême, lui fut portée par
le marquis de Rivière, également chargé
de lui remettre le cordon rouge, comme
marque de la plus éminente faveur. Il y
répondit par la protestation de combattre
jusqu'au dernier soupir les ennemis du
Trône, ajoutant : « Quelle douleur pour
moi, Sire, et pour tous les Français que
j'ai l'honneur de commander, d'apprendre que votre auguste frère éprouve encore des difficultés (1) qui l'empêcheront
peut-être encore quelque temps de paraître à la tête des braves et fidèles sujets de Votre Majesté » (2). Toutefois,
avant d'exprimer ces regrets, il avait,
par deux fois, fait parvenir à *Monsieur*
ses pressantes sollicitations, dont l'impression avait été vive sur l'esprit du
Prince (3). Une autre raison avait été

1. « Je me flattais, disait le Roi dans sa lettre, que
l'Angleterre allait enfin vous envoyer mon frère ; mais ce
moment me paraît plus incertain que jamais ».

2. Lettre du 15 août, du quartier général de Belleville.

3. Une première lettre dans ce sens avait été portée par
M. de Rivière au mois de juillet (ABBÉ ROBERT pp. 226,
227), une seconde le fut, un peu plus tard, par l'aide de
camp de Charette, Chesnier du Chesne (CRÉTINEAU-JOLY,
t. II, p. 387).

aussi d'un grand poids dans la détermination de celui-ci :

Depuis Quiberon, le commodore Warren était demeuré dans les eaux de l'île d'Houat, après y avoir débarqué les débris échappés au désastre. Le gouvernement anglais, voulant sans doute atténuer un peu l'impression des derniers événements, et craignant de la voir entraîner le complet découragement des Royalistes, lui avait prescrit de secourir ceux-ci, d'armes, de munitions et de subsides, dans une mesure plus large qu'il n'avait jamais été fait encore. Il fit prévenir en conséquence Charette de se préparer pour recevoir un important débarquement, et tout fut concerté pour l'opérer, à la date du 10 août, sur la côte voisine de Saint-Gilles et de Saint-Jean de Monts.

Au jour dit, la flotte anglaise était en vue et Charette était au rendez-vous, avec plusieurs de ses divisions, prenant livraison de 50,000 livres en numéraire et d'un matériel considérable, dont quarante milliers de poudre, douze mille fusils, trois mille sabres, deux pièces de campagne et de nombreux effets d'habillement. Il est vrai que, répugnant souverainement à paraître l'obligé des Anglais, il avait tenu, dit-on, à leur faire accepter, en retour de ces fournitures, une quantité de blé qui en représentait au moins la valeur.

Le débarquement n'avait souffert aucune dificulté sérieuse. Des partis républicains qui avaient tenté, à deux reprises, de le contrarier avaient été balayés sans peine ; et les chefs de la flotte anglaise, témoins de l'opération, avaient été vivement frappés des bonnes conditions dans lesquelles elle s'était opérée (1). Rien n'était plus encourageant pour une nouvelle expédition dans la même région.

1. Les circonstances de ce débarquement sont détaillées par Charette lui-même dans sa lettre au Roi du 15 août. Le compte rendu en est donné, à la date du 11, par le capitaine Bournouville (SAVARY, t. V, pp. 309, 310).

III

L'île d'Houat et Noirmoutier

L E 12 septembre, après une navigation
d'une incroyable lenteur, la flotte
qui portait le comte d'Artois mouillait
enfin devant l'île d'Houat. Le premier
soin de Son Altesse Royale fut de faire
procéder par l'évêque de Nantes, Monseigneur de la Laurencie, à la célébra-
tion d'un service solennel pour l'âme
des victimes de la précédente expédition.
Le Prince, à cette occasion, descendit
quelques heures à terre, puis il eut hâte
de se mettre en rapport avec les hommes qui pouvaient le mieux l'éclairer
sur la situation des pays royalistes. Parmi ceux-là, aurait dû se trouver en première ligne Puisaye, le plus notable de
tous les réfugiés qu'avait amenés à
Houat l'escadre de Warren. Mais le
malencontreux général ne parut pas se

soucier de se trouver en présence du frère de Louis XVIII. Craignant sans doute de voir sa fuite de Quiberon sévèrement appréciée par lui, il s'était embarqué, depuis quelques jours, pour les côtes du Morbihan, sous prétexte d'aller rejoindre le Conseil général des armées Catholiques et Royales précédemment organisé par lui et qu'il avait lieu de regarder comme étant à sa dévotion (1). Il avait laissé à Houat Vauban, l'homme de sa plus intime confiance, auquel, du reste, on ne pouvait rien reprocher dans les derniers événements, et qui, bientôt fut mandé par *Monsieur*.

Celui-ci tenait à s'entourer de toutes les informations, mais on ne peut douter que son parti de descendre en Vendée, de préférence à tout autre point, fût déjà chose absolument arrêtée, car, dès le lendemain de son arrivée, il avait

1. Le départ de Puisaye eut lieu le 5 septembre. Dans les jours précédents, les comtes de Contades et Bozon de Périgord avaient demandé au commodore Warren « de retarder le départ de M. de Puisaye pour la Bretagne, jusqu'à la prochaine arrivée de *Monsieur*, lieutenant-général du Royaume, son juge pour sa conduite et le maître d'ordonner pour l'avenir. » Mais Warren répondit qu'il ne lui appartenait pas d'agir ainsi. (*Mémoires de Contades*, pp. 227, 228).

écrit à Charette la lettre suivante dont furent chargés MM. de Rivière et de Vaugiraud :

« A bord du *Jason*, rade d'Houat, 13 septembre 1795.

« Me voici enfin près de vous, Monsieur, et si le Ciel le permet, notre réunion va combler nos désirs mutuels. Ce sera de vive voix que je vous entretiendrai de tout ce qui est arrivé depuis mon départ du continent ; mais je vous dirai que j'ai reçu vos lettres par MM. de R. et de V... O. (1) ; qu'elles m'ont causé la plus vive satisfaction que mon cœur puisse éprouver, et que le rapport de ces messieurs sur l'état, la position et la force de nos fidèles Royalistes ont déterminé le gouvernement britannique à faire loyalement en notre faveur tout ce que les circonstances ont pu lui permettre.

« Vous avez indiqué Noirmoutier (2);

1. Vaugiraud.

2. « Charette, épris du désir de s'emparer encore de Noirmoutier, avait désigné lui-même cet endroit dans une précédente dépêche au comte d'Artois. » (ABBÉ DE-NIAU, t. v, p. 362).

c'est à Noiremoutier que nous marchons.
J'aurais voulu partir dès demain pour
hâter une expédition qui sera le prélude
du bonheur de tous les vrais Français;
mais j'ai pensé, ainsi que les généraux
anglais, qu'il était prudent et nécessaire
de vous prévenir de nos desseins, et de
vous donner ainsi le temps d'assurer
notre succès, en vous portant à la côte
et en empêchant les ennemis de jeter
de plus grandes forces dans Noirmoutier. »

En même temps, il réunissait en conseil le marquis de la Rosière, quartier-
maître général, le comte de Vaugiraud,
ancien chef d'escadre, le comte de la
Chapelle, major général, le baron de
Rolle, adjudant général, le commodore
Warren et le général Doyle ; et, d'après
un procès verbal écrit de la main de
celui-ci, les dispositions suivantes étaient
arrêtées, pour être transmises à Charette
en même temps que la lettre ci-dessus :

« 1° Qu'à moins de circonstancés
qu'on ne pouvait prévoir, l'attaque de
Noirmoutier aurait lieu le 17 septembre.

« 2° Que *Monsieur* écrirait au chevalier Charette (la lettre ci-dessus), et le préviendrait qu'à cette époque il fallait qu'il se portât sur la côte la plus à portée de cette île, tant pour empêcher les Républicains d'y jeter des secours, que pour y faire des démonstrations capables de partager l'attention de ceux qui seraient chargés de la défendre.

« 3° Qu'en attendant, on ferait reconnaître la baie de Bourgneuf et l'état des défenses de Noirmoutier.

« 4° Que, pour empêcher l'ennemi de préjuger sur le vrai point de l'attaque, on l'obligerait par différents mouvements à jeter son attention sur divers points et à y porter ses forces. »

Ces décisions étaient corroborées par l'avis qu'exprimait à ce moment un officier distingué, Villeneuve de la Roche-Barnaud, échappé des prisons d'Auray et l'un des premiers présentés au comte d'Artois. Selon lui, la Bretagne, toujours dévouée, était sous le coup de la terreur depuis l'échec de Quiberon ; les rassemblements dissous ; l'ancienne organisation brisée. Pour se reprendre, il lui aurait fallu l'appui de vingt mille hommes de troupes de ligne; à la suite desquels, ses enfants, retrouvant leur courage, reviendraient en foule sous le drapeau royal; mais, jusque là, rien n'était à tenter dans la région du Morbihan (1).

Tel n'était pas le sentiment de Vauban, autant qu'on en peut juger par le dire des mémoires suspects publiés sous son nom. Invité par le Prince à se rendre à bord du *Jason*, « je fus à même, dit-il, de voir que la côte du Poitou fixait son attention ; que le nom de Charette l'attirait dans cette partie, et j'eus l'honneur de lui dire *qu'il n'y descendrait pas; que c'était le point de la côte le plus difficile, et que le général Charette n'avait pas les moyens suffisants pour recevoir Monsieur ;* que ses forces n'étaient pas suffisantes ; qu'il était lui-même réduit à la défensive, sans pouvoir espérer un autre ordre de choses ; que la présence de *Monsieur* attirerait toutes les forces républicaines sur cette armée qui, faisant la droite de la ligne des dif-

1. VILLENEUVE DE LA ROCHE-BARNAUD. *Mémoires sur l'expédition de Quiberon*, pp. 336, 337.

férentes armées royalistes, pouvait être attaquée sur toute la circonférence » (1).

Dirait-on que ces lignes sont écrites par un homme (mais est-ce bien le même homme ?) qui, bientôt, incriminera violemment le Prince pour n'avoir pas réussi dans une tentative déclarée par avance impossible à réaliser ? et cela quand les circonstances ultérieures se sont trouvées infiniment plus défavorables qu'on ne pouvait le prévoir au moment où nous sommes.

Il est vrai que, si Vauban traitait pour ainsi dire de folie le projet de descente sur les côtes du Poitou, il estimait, au contraire, qu'en débarquant sur celles de Bretagne on avait les chances les meilleures. Toujours l'homme de Puisaye, il additionne les forces dont celui-ci prétend disposer et ne les évalue pas à moins de soixante mille hommes pour la seule Bretagne (2). « Que l'on juge, dans ce moment, dit-il, ce qui serait arrivé si le plan de M. le comte de Pui-

1. *Mémoires de Vauban*, p. 208.

2. Dans un autre passage (p. 221), il dit cent-vingt mille, « tous s'étant déjà battus et se battant journellement. »

saye avait été suivi ! (que l'auteur de ce plan merveilleux n'était-il donc resté à Houat pour le présenter, au lieu de se dérober, comme on l'a vu !) *Monsieur*, alors descendait sur cette terre héroïque, sans pouvoir, à quarante lieues à la ronde, apercevoir un ennemi, entouré de tous les chefs des armées Catholiques et Royales » (1). Tableau séduisant, en effet, mais, à quelques pages de là, l'auteur rapporte que, *Monsieur* l'ayant chargé d'une mission pour l'intérieur de la Bretagne, il se trouva obligé d'attendre une douzaine de jours, pour que « le clair de lune fût passé » et que le Prince lui en manifesta quelque étonnement ; « Son Altesse Royale, dit-il à ce propos, ignorait qu'on n'arrive pas sur une côte *couverte de troupes*, où il faut débarquer devant les sentinelles et au milieu des patrouilles et des postes, quand il fait clair de lune ; et, voulût-on en courir le risque, les gens de la correspondance ne se seraient pas prêtés à la faire découvrir, surtout quand elle se fait et ne peut se faire que sur un seul point » (2).

1. *Mémoires de Vauban*, p. 204.
2. *Ibid.* p. 214.

Voilà quelle était cette terre où l'on ne devait pas *« apercevoir un ennemi à quarante lieues à la ronde. »*

Monsieur n'avait donc peut-être pas tort, sans parler de bien d'autres considérations relatives au personnage de Puisaye, sur lesquelles nous aurons à revenir, de préférer à l'avis de Vauban, — si tant est qu'il ait été réellement formulé, comme le rapportent les *Mémoires*, — celui de la Roche-Barnaud. D'ailleurs sa parole était donnée à Charette, dont on attendait la réponse. Celle-ci parvint par une lettre datée de Belleville, le 16 septembre.

Charette déclarait qu'il lui fallait au moins six jours avant d'être prêt à coopérer par un rassemblement suffisant aux projets arrêtés pour l'attaque de Noirmoutier. La date du 17, indiquée pour cette opération, lui paraissait donc un peu prématurée. Au sujet des questions posées par les chefs de l'escadre, il disait :

« J'ai l'honneur de vous répondre, Prince :

« 1º que je crois la garnison (de Noirmoutier) faible. Je ne la suppose pas de plus de mille hommes, et je crois aussi qu'en brusquant l'attaque, le succès sera facile.

« 2° Les postes que l'ennemi occupe sur la côte sont principalement Saint-Gilles, Challans, Saint-Jean de Monts, Beauvoir, l'île de Bouin et Machecoul. Les forces sur tous ces points peuvent se monter à six ou sept mille hommes d'infanterie et trois cents de cavalerie qui peuvent facilement se réunir.

« 3° Je ne puis m'avancer sur la côte ni me porter en face de Noirmoutier qu'au préalable je n'aie enlevé les postes de Challans, Machecoul, Beauvoir et Bouin. »

Il ajoutait enfin :

« Si j'avais eu l'avantage d'être instruit plus tôt du plan arrêté entre vous et les généraux anglais, ou du moins, si le plan de l'exécution n'était pas aussi prochain, j'aurais pris la liberté de vous proposer un autre moyen, et d'indiquer un autre lieu où le débarquement eût pu être effectué sans aucun danger. J'aurais fait porter une division seulement devant Machecoul ou Challans, et je me

serais porté avec mon corps d'armée à
la pointe de l'Aiguillon, où les ennemis
n'ont point de forces. Là, on eût effectué
toute espèce de débarquement d'hommes
et de munitions. On eût alors facilement
déblayé tous les postes de la côte, enlevé les garnisons que l'on eût vues sur
les derrières et été dans le cas de couper
la retraite. On eût de suite marché sur
Saint-Gilles, ou directement sur Noirmoutier, que l'on eût attaqué par terre,
tandis que la flotte anglaise l'aurait attaqué par mer. Le succès, alors, eut été
infaillible ; tandis que *je ne peux vous
dissimuler qu'il est douteux* dans le plan
arrêté. »

C'était, en somme, le demi-aveu
d'une situation moins brillante qu'on ne
s'en était flatté. La coopération à l'entreprise sur Noirmoutier restait subordon-
née à des éventualités plus ou moins in-
certaines, et la nouvelle opinion de
Charette, relativement au point de débarquement, pouvait amener un flotte-
ment fâcheux dans les avis des chefs de
l'expédition. La lettre dont il s'agit trouva la flotte en mer, à la hauteur du Croisic. Sir John Warren venait, en effet,

d'appareiller (1), mais avec des transports seulement et au plus quelques frégates, laissant les vaisseaux de guerre au nombre de vingt-six, mouillés à Houat sous les ordres de l'amiral Bridport. — Pourquoi une force si importante ne prêtait-elle pas son concours à l'expédition ?

Après un nouveau conseil tenu à bord du *Jason*, et dans lequel la Rosière, de Rolle et Vaugiraud déclarèrent que l'entreprise sur Noirmoutier leur paraissait réalisable, *Monsieur* répondit, le jour même, à Charette ; mais Doyle et Warren avaient en tout la haute main. Le Prince suivait et ne dirigeait pas ; aussi la lettre que les deux chefs anglais joignirent à la sienne était la seule qui marquât les desseins arrêtés, avec quelques réserves significatives. Ils commençaient par rejeter, — sans en donner que

1. Au plus tard le 17 septembre. On ne s'explique donc pas comment Crétineau - Joly a pu dire (t. ii, p. 395) : « Après avoir perdu *douze jours* devant cette fatale baie de Quiberon, le signal du départ fut donné. » On se souvient que *Monsieur* était arrivé à Houat, le 12. Il est vrai que Vauban (p. 422) parle aussi de douze jours passés dans la baie de Quiberon, mais ce n'est qu'une erreur évidente ajoutée à tant d'autres plus impardonnables.

des raisons vagues, — l'idée d'une descente à la pointe de l'Aiguillon, telle que la désirait Charette, puis ils ajoutaient :

« .... Nos instructions portent que nous devons avec vous faire en sorte de prendre l'île de Noirmoutier, comme le lieu que les ministres de S. M. B. ont jugé le plus propre à vous donner toute espèce d'assistance, *excepté de troupes anglaises*. Nos instructions portent en plus que, si l'attaque de Noirmoutier devenait une entreprise trop difficile à réaliser avec le peu de forces que nous avons, nous devons, dans ce cas, nous rendre maîtres de l'île d'Yeu (ce que nous nous proposons de faire dans tous les cas), et arranger avec vous les moyens d'effectuer l'objet de notre expédition.

« Notre intention est actuellement d'aller mouiller en dehors de la baie de Bourgneuf, et, en attendant des informations ultérieures, nous nous occuperons de couper toute communication entre Noirmoutier et le continent. Nous nous occuperons de nous procurer les détails nécessaires pour juger de la possibilité d'une attaque sans coopération avec vous, *de laquelle, cependant, le suc-cès nous paraît dépendre*. Dans tous les cas, à moins d'être forcés par le mauvais temps d'aller ailleurs, nous attendrons votre décision en dehors de la baie de Bourgneuf. Si notre plan ne réussissait pas de cette manière, nous communiquerons volontiers vos désirs aux ministres de S. M. B. pour de futurs arrangements, mais, pour le moment présent, il ne nous est pas permis de tenter aucune autre entreprise que celles ci-dessus mentionnées, sans en recevoir la permission d'Angleterre, à moins que ce ne soit pour vous faire passer par des moyens très sûrs que vous indiqueriez, de la poudre, des armes, de l'argent, comme il a été fait précédemment » (1).

On refuse donc d'entrer dans les vues actuelles de Charette. Rien autre chose que Noirmoutier, ou subsidiairement l'ile d'Yeu ; mais on voit déjà poindre en ce qui concerne Noirmoutier, l'intention de ne pas pousser sérieusement l'entreprise, en déclarant que le succès en

1. « Sous voiles à bord de la *Pomone,* entre les Cardinaux et le Croisic. » Signé *J. Doyle* et *J. B. Warren.*

paraît dépendre d'une coopération que l'on sait actuellement plus que douteuse, ayant soin de préciser que, si l'on se propose de donner quelque assistance, c'est à l'exclusion de celle des troupes anglaises ; et, dans ces conditions, sur quels moyens reste-t-il à compter ?

Cependant, le même jour, 18 septembre, la flotte est signalée à Auray et dans la baie de Sucinio, et « menace tous les points à la fois » (1). Le lendemain 19, autre démonstration à l'embouchure de la Vilaine, mais, si les Républicains, depuis l'apparition de la flotte anglaise étaient mis en émoi un peu partout par l'incertitude du but qu'elle poursuivait, l'objectif vrai restait toujours Noirmoutier et la baie de Bourgneuf. Toutefois les vents devinrent contraires et obligèrent à revenir en arrière. Le comte d'Artois en avertit Charette, le 21, et, à la même date, Doyle et Warren lui écrivaient également : « Depuis trois jours, nous avons fait nos efforts pour nous rendre à la baie de Bourgneuf ; mais le

1. Lettre du représentant Mathieu, datée de Vannes. — SAVARY, t. V, pp. 413, 414.

vent ayant toujours été contraire et forcé, et les transports manquant d'eau,
nous avons jugé convenable de revenir
ici (à Hœdic). Nous croyons que ce petit délai n'aura aucune conséquence fâ-
cheuse. Il est décidé que nous en profi-
terons pour envoyer une frégate avec
des officiers de terre et de mer reconnaître l'île de Noirmoutier. Ce sera d'a-
près leur rapport que nous agirons, et,
si cela est praticable, nous attaquerons
cette île de concert avec vous ; mais,
s'il arrivait qu'il ne convînt pas à votre
situation actuelle de coopérer à cette
attaque, ou qu'après mûr examen, on la
trouvât trop difficile pour la tenter avec
le peu de forces que nous avons, nous
nous proposons, dans ce cas, de prendre
possession de l'île d'Yeu. »

Toujours mêmes réserves en vue de la
dérobade à laquelle on allait aboutir.

La frégate la *Galathée*, sous les ordres
du capitaine Keats, accompagné de plusieurs officiers de marine français, fit, en
effet la reconnaissance annoncée, et les
résultats en furent jugés de tous points
favorables, même par le capitaine an-

glais. L'île parut peu munie d'artillerie et de soldats, dépourvue de camp et de retranchements, les batteries de la côte en mauvais état et très mal servies, l'anse de la Garde offrant d'ailleurs de bonnes conditions pour opérer un débarquement, et le mouillage de Pierre-Moine étant jugé propre à recevoir le convoi et l'escadre.

La flotte avait suivi de près la *Galathée*. Elle parut, le 24, dans la baie de Bourgneuf, forte de soixante et quelques voiles, dont quatre frégates. Le 25, elle rase Noirmoutier de façon que, de la terre, les chants républicains pouvaient répondre aux airs royalistes joués sur les vaisseaux. Des canonnières anglaises ouvrirent le feu sur deux bâtiments français qui furent obligés de s'échouer, et dont l'un fut incendié par son équipage, pour éviter qu'il tombât au pouvoir de l'ennemi.

Le moment de l'action paraissait donc être arrivé; mais on a pu juger déjà à quel vain simulacre les Anglais, d'après leurs instructions, entendaient la réduire, quoique le comte d'Artois eût emporté de tout autres espérances. — Dans ces conditions, la défense avait beau jeu.

Tout porte à croire qu'une attaque tant soit peu sérieuse, et surtout immédiate, aurait eu facilement raison de la petite garnison de cinq ou six cents hommes — elle ne paraît guère avoir été tout d'abord plus considérable — commandée par le général Cambray. Au lieu de cela, on se contenta de rester en observation. Le 26 ou le 27 (1) seulement, on se décida, non pas à attaquer, mais à faire remettre une sommation portant qu'une escadre britannique ayant à bord des troupes anglaises et françai-

1. Le 27 est la date donnée par presque tous les auteurs républicains et royalistes. Cependant Crétineau-Joly dit « le 26 » et paraît avoir raison, d'après la lettre qu'il cite du commandant Boucresne, écrivant de Challans, le v vendémiaire (27 septembre) : « *hier*, le commodore anglais députa au général Cambray un officier chargé de le sommer de rendre la place.... ». La réponse de Cambray lue à la Convention porte aussi la date du iv vendémiaire (26 septembre), ce qui confirme le dire de Crétineau. Il semble qu'en rapportant la sommation au 27, on ait été trompé par une erreur de Savary dans la traduction qu'il a faite en style ordinaire de pièces datées suivant le calendrier républicain.

Du reste cet auteur, malgré la foi qu'on lui accorde et qu'il mérite généralement, pourrait bien avoir commis la même faute dans la traduction de diverses autres pièces recueillies par lui.

ses environne l'île ; qu'elles ne viennent
pas « pour démembrer la France, mais
pour la rendre à son roi légitime, pour
aider les Français fidèles à se soustraire
à l'oppression et retrouver après tant de
maux la liberté et la paix. » La présence
de son Altesse Royale *Monsieur*, frère
de S. M. T. C.... est un garant de la pu-
reté des intentions de Sa Majesté Britannique. » On a donc à choisir entre les
maux qu'attirerait « une résistance indis-
crète et coupable », et la remise de l'île
« au frère du Roi et à ses alliés », Sa
Majesté Britannique et Son Altesse
Royale *Monsieur* déclarant que, dans ce
dernier cas, elles prendront sous leur
protection la garnison et les habitants (1).

Cambray, peu rassuré sur sa situation,
dont il jugeait assez la faiblesse, essaya
de temporiser, en demandant qu'on lui
accordât vingt-quatre heures pour en
référer à son chef de division le général
Canuel, auquel il réussit à faire passer
un de ses officiers, le commandant Boucresne, chargé, à tout événement, de ré-

1. SAVARY, t. v, p. 201.

clamer des renforts (1). Les chefs anglais,
paraît-il, se montraient disposés à accorder le délai demandé par le général républicain ; mais leur attitude souleva
trop justement l'indignation du comte
d'Artois et des Emigrés français, dont
les plaintes obtinrent l'envoi d'une nouvelle sommation, portée, comme la première, par le comte Murray, et ne com-
portant plus aucun atermoiement.

Il est bien évident qu'aucun général
ne pouvait céder sans avoir essuyé un
coup de canon. Aussi Cambray refusa-
t-il de se déshonorer. Il fit connaître sa
résolution par une lettre, assez anodine
en réalité (2), qui fut plus tard arrangée

1. La lettre du commandant Boucresne à Canuel, m'en-
tionnée ci-dessus, marque bien le dénûment et les craintes
du général Cambray. Elle disait : « .... Le général Cambray, *étant entièrement dégarni*, voulut avoir le temps de
vous prévenir afin que vous le renforciez. Il répondit au
commodore qu'il demandait vingt-quatre heures pour
vous prévenir. Le général Cambray me donna alors l'ordre de
partir pour vous prévenir ainsi que le général Gratien....
(Crétineau-Joly, t. II, p. 403).

Il parait qu'en effet, cette mission Boucresne ne fut pas
sans succès, car Hoche écrit, le 27. au Comité de Salut Public, qu'il vient de « faire jeter deux bataillons de la qua-
tre-vingt-dixième demi-brigade dans Noirmoutier, pour en
renforcer la garnison. » (SAVARY, t. V, p 402).

2. La réponse de Cambray, d'après Crétineau-Joly, se
bornait à ces quelques mots peu compromettants : « Mes-

par le Comité de Salut Public, et reçut une forme héroïque, dans le goût du temps, pour être présentée à la Convention, où lecture en fut donnée le 7 octobre.

Qui pourrait croire que les Anglais, après un ultimatum très formel, — quoique adressé un peu à leur corps défendant, — vont s'en tenir là et reculer devant toute action effective? Tel est cependant le parti que prend Warren, et dont on ne peut attribuer la timidité qu'à des instructions formelles de son gouvernement. On prétend qu'après avoir lu la réponse du général Cambray, il se contenta de dire aux officiers qui l'entouraient et qui en demeurèrent stupéfaits : « Que voulez-vous faire contre de pareils enragés ! » Il ne fut pas même

sieurs, le refus que vous me faites d'un délai de vingt-quatre heures m'oblige à continuer mon état de défense.» D'autres le rapportent un peu différemment. Pour la Convention elle était devenue : « Monsieur, nous avons accepté la constitution républicaine, nous avons juré tous de la défendre jusqu'à la mort. Voilà mon vœu, celui de la garnison et des habitants. Nous ne reconnaîtrons jamais d'autres pouvoirs que ceux de la République. Les menaces n'ont jamais intimidé des Républicains qui ont vaincu tant de fois.... Vive la République ! Vive la liberté ! voilà notre cri ; il ne variera jamais.» (SAVARY, t. v, p. 402).

question du moindre semblant d'attaque. On leva l'ancre, et tout fut dit. La *fière* Angleterre ne se crut pas obligée de l'être beaucoup ce jour-là. Quelles raisons avait-elle pour cela ?

S'il y avait cependant une chance de succès pour l'expédition si pauvrement combinée, c'était l'occupation de Noirmoutier qui seule pouvait la procurer. Elle assurait un bon port commandant la baie de Bourgneuf, on y touchait presque le continent, et l'on pouvait, avec l'appui de quelques vaisseaux, y attendre en toute sûreté l'occasion éventuelle de joindre Charette. Tous les efforts devaient donc être épuisés pour une conquête si importante, et qui, dans le premier moment du moins, paraissait facile aux ennemis eux-mêmes.

Le 30, on occupa l'île d'Yeu, triomphant, cette fois sans combat, de ses quarante défenseurs ; *Monsieur* y descendit le surlendemain, 2 octobre.

IV

L'île d'Yeu

C'ÉTAIT, on le pense bien, une amère déception pour le comte d'Artois et pour ses compagnons français, qu'un tel abandon du programme sur lequel ils avaient eu le droit de compter. Mais, enfin, il restait Charette, Charette auréolé de ses hauts faits et de tout ce que lui prêtait la renommée.

Il est vrai qu'on commençait à s'étonner qu'il n'eût pas donné signe de vie dans les jours précédents, lorsque, peut-être, on s'était flatté, malgré les difficultés qu'il avait fait connaître, de le voir intervenir, et que ce soit même là l'explication la plus vraisemblable des lenteurs et des hésitations qu'on a peine à comprendre dans la vaine démonstration sur Noirmoutier.

Le 30 septembre, en arrivant en face de l'île d'Yeu, *Monsieur* lui dépêcha de nouveau l'infatigable Rivière, pour l'entretenir de ce qui s'était passé, et du parti auquel on se trouvait réduit, ainsi que des espérances qui, de plus en plus, ne reposaient que sur lui.

Hélas ! du côté de la pauvre Vendée, tout était plus triste encore que de celui du corps expéditionnaire. Depuis un mois, le Comité de Salut Public avait décidé d'en finir, coûte que coûte, avec Charette, se réservant d'accabler plus tard les autres pays royalistes. Il avait, pour cela, arrêté un plan (instruction du 1ᵉʳ septembre) (1), dont il avait confié l'exécution à Hoche, appelé, le 29 août, au commandement de l'armée dite de l'Ouest, laquelle devait être considérablement renforcée par des contingents tirés de celles des Côtes de Cherbourg et des Côtes de Brest, et ultérieurement, par l'armée entière des Pyrénées, devenue disponible par suite de la paix avec l'Espagne. C'était un déploiement formidable préparé contre les faibles restes de la Vendée, et la valeur d'un chef tel que Hoche en doublait la puissance. Cepen-

1. SAVARY, t. v. p. 366.

dant Charette, fidèle à ce qu'il avait promis dans sa lettre du 16, réunissait toutes ses forces, et, le 24 septembre, à la tête de neuf à dix mille hommes (1), se portait dans la direction de Luçon pour se rapprocher de la mer et tenter une diversion favorable aux opérations de la flotte anglaise. Une de ces divisions éprouva, sur son flanc, un échec assez sérieux, ce qui ne l'empêcha pas lui-même de continuer son mouvement. Il était arrivé à deux lieues de Luçon, lorsque son avant-garde, commandée par Guérin l'aîné, un des plus braves et des plus estimés de ses lieutenants, vint se heurter, au bourg de Saint-Cyr des Gats, à quelques centaines de Républicains, qu'elle s'acharna à vouloir déloger de l'église où ils s'étaient retranchés. Après une attaque qui laissait peu d'espoir aux assaillants dépourvus de canon, Charette arriva avec le gros de ses troupes, pour leur prêter main forte ; mais, de son côté, l'adjudant géné-

1. Le rapport de Grouchy, en date du iv vendémiaire (26 septembre) dit : « huit à neuf mille fantassins et environ neuf cents chevaux », et cette évaluation doit être plutôt un maximum.

5

ral Delaage se porta au secours du détachement de Saint-Cyr, avec la garnison de Luçon, et refoula une division royaliste demeurée en arrière. L'affaire devint générale et ne tarda pas à tourner au plus mal. Guérin fut tué après des prodiges de valeur. Un commencement de déroute s'en suivit et fut bientôt accéléré par l'entrée en scène de l'artillerie volante des Républicains. Bref, ce fut un désastre matériellement et peut-être plus encore moralement. « L'armée Vendéenne, écrivait Hoche au Comité de Salut Public, fut *foudroyée* et suivie trois lieues dans sa déroute, qui fut complète » (1).

Charette, après avoir fait à Guérin des funérailles touchantes par le deuil universel, rentra, le lendemain, dans son camp de Belleville. Toutes ses divisions se dispersèrent, et son historien, M. Bittard des Portes, nous le montre, quelques jours plus tard, réduit « à errer avec cinq ou six cents hommes, de la forêt de la Chaise à celle de Gralas et à celle d'Aizenay » (2), situation dont il ne se releva jamais.

1 Lettre du 1er octobre.

2. *Charette et la guerre de Vendée*, p. 512.

Crétineau-Joly a fait, au sujet de ce malheureux combat, une erreur capitale non moins qu'incompréhensible (1), répétée, après lui, par la plupart des historiens royalistes (2), tels que Pitre-Chevalier et l'abbé Deniau, erreur dont les conséquences, au point de vue de l'appréciation des faits qui nous occupent spécialement, est de la plus haute gravité. Il recule de deux mois l'échec désastreux de Charette, qu'il donne comme étant, non du 25 septembre, mais du *24 novembre*, malgré des témoignages qui ne permettent aucun doute, comme le rapport de Grouchy et plusieurs lettres de Hoche. Pour lui, par conséquent, Charette, au moment du débarquement de l'île d'Yeu, a conservé tous ses moyens in-

1. Il faut cependant en chercher probablement l'explication dans ce que nous dirons plus tard d'un passage des mémoires de Lucas-Championnière, au sujet duquel on ne s'est pas moins gravement trompé.

2. Théodore Muret fait exception et restitue au combat de Saint-Cyr sa véritable date, remarquant très justement qu'elle ressort de tous les documents officiels. Plus récemment, l'abbé Robert et M. Bittard des Portes placent bien aussi l'affaire au mois de septembre ; mais, de même que Muret, ils ne relèvent pas et ne paraissent pas avoir compris les conséquences de l'erreur de Crétineau, qui auraient dû modifier du tout au tout leurs jugements, au moins pour le dernier.

tacts. Il est toujours le chef victorieux qui dispose, pour le moins, d'une quinzaine de mille hommes (1). — Dans ces conditions, comment *Monsieur* n'a-t-il pas rejoint le grand Vendéen, même en se jetant seul à la côte ? Et l'historien part de là pour formuler relativement au Prince des jugements qui, plus tard, deviendront encore plus injustement sévères, mais sur lesquels nous devons nous arrêter dès maintenant, car c'est à ce moment que l'auteur de *la Vendée militaire* regrette qu'il ne se soit pas élevé « une voix pour faire entendre à *Monsieur* que sa place n'était plus sur les vaisseaux anglais, mais en Vendée. »

En Vendée, qu'aurait-il trouvé, s'il avait pu y parvenir contre toutes probabilités ? Nous venons de le voir : l'anéantissement ou peu s'en faut. Mais admettons que les derniers désastres n'aient pas eu lieu d'entrer dans ses calculs, est-ce sérieusement que l'on peut dire que, si Rivière avait bien trouvé le moyen de parvenir jusqu'à Charette, *Monsieur* aurait bien

1, Chiffre probablement un peu exagéré ; neuf à dix mille nous a dit Grouchy, dans le moment du plus grand effort.

pu prendre le même chemin ? Autre est
le devoir d'un chef, autre ce qui peut
être permis, héroïque même pour un
soldat. Le comte d'Artois arrivait à la
tête d'une expédition trop faible malheureusement, mais encore d'une certaine
importance, puisqu'elle comprenait au
moins un millier de Français, dont cinq
cents officiers. Pouvait-il l'abandonner
sans chef, sans commandement, en butte
à la mauvaise volonté trop manifeste
des Anglais ; priver Charette et lui-même
du secours qu'on pouvait en attendre ultérieurement, pour se jeter en enfant perdu sur un rivage inconnu, ignorant tout
de ce qui pouvait y être préparé, sachant
seulement que les officiers de la flotte
« n'ont vu que des troupes ennemies
répandues sur la côte » ? (1) Quels reproches n'aurait-il pas encourus au lendemain de cet abandon ? Voit-on les
fidèles attachés à sa fortune apprenant
qu'il les avait quittés, sans regarder à ce
qu'il laissait derrière lui, à ce qui résul-
terait pour eux de ce coup de tête insensé,
— insensé, ce n'est pas trop dire ?

1. Lettre du 5 octobre.

Ce qu'il devait faire, c'était de regarder la situation telle qu'elle apparaissait raisonnablement, telle qu'elle pouvait être jugée de sang froid. Jusque là, l'échange des communications avec Charette avait eu lieu rapidement et sans difficultés. On avait pu se tenir au courant des vues et des projets réciproques ; le concert, de toute évidence, était plus nécessaire que jamais, au moment de la réalisation qu'il s'agissait d'effectuer, et rien ne pouvait faire douter qu'il eût cessé d'être possible. Donc la première chose était de prévenir Charette, de se mettre à sa disposition, d'attendre ses communications, et s'il fallait, après cela, courir des hasards, que ce ne fût pas au moins d'une manière inconsidérée, et sans avoir épuisé tout ce qui pouvait être donné à la prévoyance.

Toute autre conduite, à ce moment du moins, n'aurait pas été celle d'un chef vraiment digne de ce nom.

Revenant à l'expédition qui vient de prendre terre à l'île d'Yeu, il faut ajouter à ce que nous avons dit du débarque-

ment qu'une furieuse tempête régna sur
la côte pendant trois jours : « où est-elle
(la flotte anglaise) ? écrivait Hoche, le
1er octobre, je l'ignore ; mais un vent
violent, qui a lieu au moment où j'écris,
doit la mettre mal à l'aise » (1). En effet,
les vaisseaux anglais, — au moins la plus
grande partie (2), — furent contraints de
regagner l'île d'Houat, d'où ils revin-
rent dans la baie de Bourgneuf du 3 au
4 octobre (3).

Tout en observant leurs mouvements,
et un peu incertain de ce qu'il devait en
conclure, Hoche ne cessait d'accumuler
ses forces sur la côte. Il formait, pour
parcourir l'intérieur, cinq colonnes vo-
lantes d'un effectif total de plus de vingt
mille hommes (4), et, s'attendant à voir
renouveler la tentative sur Noirmoutier,
il y jetait deux nouveaux bataillons (5),

1. Lettre au Comité de Salut Public. Archives de la
Guerre.

2. Quelques-uns restèrent à l'île d'Yeu, puisque le comte
d'Artois y débarqua seulement le 2 octobre.

3. Lettre de Hoche du 4 octobre. SAVARY, t. VI, p. 5.

4. Archives de la Guerre. BITTARD DES PORTES, p. 512.

5. Lettres de Hoche au Comité de Salut Public des 5 et
6 octobre. La dernière disait : « Il paraît que le moment

renfort que les dispositions timides des Anglais rendaient assez inutile. En même temps, il demandait de nouveaux secours au général Rey, commandant à Rennes, qui lui envoyait trois mille hommes. Dès le 18 septembre, le Comité de Salut Public avait mis à sa disposition six mille hommes (1), cela en attendant l'arrivée de quarante-six bataillons de l'armée des Pyrénées, (2) qui lui étaient annoncés comme devant le joindre dans le courant d'octobre, et que leur chef, le général Willot, précéda à Fontenay dès le 1er octobre (3).

Le 8 octobre seulement, il connut par une lettre du général Cambray (4) le débarquement de l'île d'Yeu ; mais il ne paraissait pas s'en inquiéter. L'Angleterre lui avait donné le temps de prendre toutes

décisif approche. — J'ai envoyé deux nouveaux bataillons à Noirmoutier, et l'ordre au général Canuel de se jeter dans l'île. » (SAVARY, t. VI, pp. 5, 11, 15.

1. SAVARY, t, v, p. 414.

2. La force de ces bataillons était évaluée à près de vingt mille hommes (19,926) ; mais il paraît qu'ils eurent à subir d'assez nombreuses désertions (SAVARY, t. v, pp. 391, 403).

3. Lettre de Willot à Hoche (SAVARY, t. VI, p. 3).

4. SAVARY, t. VI, p. 13.

ses mesures. Toute sa correspondance marque la plus grande confiance en ce qui concerne la descente des Emigrés. Il écrit, le 26 septembre, au Comité de Salut Public : « Soyez tranquilles sur le succès des armes de la République » (1); de nouveau, le 4 octobre : « croyez bien que quiconque débarquera ne tardera pas à s'en repentir » (2) ; puis, le 7, au représentant Cochon : « nous attendons avec impatience que les ennemis descendent pour les exterminer. Nos braves soldats brûlent du désir d'en venir aux mains » (3) ; et le lendemain encore (au Comité) : « Je vous assure que l'ennemi ne mettra pas impunément les pieds sur le territoire de la République » (4). La seule chose qui le préoccupe ce sont les subsistances : « Du pain, du pain ! » ne cesse-t-il de crier à tous les échos. Un instant aussi, il parut craindre un coup de main sur Nantes, d'après une lettre de Bourmont trouvée au camp de Belle-

1. SAVARY, t. V, p. 400.

2. ID. t. VI, p. 6.

3. ID. t. VI, p. 11.

4. Archives de la Guerre. ABBÉ ROBERT, p. 23

ville : « La situation de Nantes est horrible, écrit-il le 4 octobre ; point de pain, point de bois.... Les Royalistes préparent une commotion à Nantes » (1). Mais rien ne se produisit de ce côté.

1. Lettre au Comité de Salut Public, SAVARY, t. VI, p. 10. Bourmont écrivait à Rivière, le 19 septembre : « Nous ne pouvons attaquer Nantes que mercredi 23. » Il paraît donc que le projet avait été réellement formé,

V

Vaine attente

CEPENDANT, le comte d'Artois, après avoir opéré son débarquement au petit port de la Meule, s'était installé sur le triste rocher de l'île d'Yeu. Ses compagnons avaient déjà pris terre les deux jours précédents, 30 septembre et 1er octobre.

« Le Prince et ses officiers, dit M. Bittard des Portes, s'étaient rendus à Port-Joinville, le véritable port de l'île, au nord-est, face à la Vendée. Les Emigrés et les Anglais campèrent à cinq cents mètres de Port-Joinville, sur un vaste plateau qui domine la mer, entre le bourg et Kerchalon. Le comte d'Artois devait habiter, pendant six semaines, la maison Cadou, dans la ville. (1).

« Le comte de la Chapelle, quartier-

1. M. Bittard des Portes y a vu « le salon de Charles X ».

maître général, et le chevalier de Verteuil, qui lui était adjoint, furent chargés de faire camper les Emigrés, sous la surveillance du général anglais Doyle, fort mal disposé pour eux, ainsi que tous ses compatriotes. M. de Vaugiraud, ancien chef d'escadre, fut nommé commandant du port, mais toujours sous les ordres du commodore Warren. Il y avait environ cinq mille Anglais et huit cents Français. » (1).

L'île offrait les plus mauvaises conditions de séjour. Ce n'est guère qu'une roche granitique, dépourvue de presque toutes ressources, et dangereuse au point de vue de la navigation. « Tous les marins savent, disent les Mémoires de Vauban, que, depuis Noirmoutier jusqu'aux Sables d'Olonne, la côte est plate jusqu'à une lieue, une lieue et demie en mer : que la mer y brise, et qu'il n'y a que très peu de jours dans l'année, je parle de ceux où le temps est beau et la mer calme, où il soit possible à des canots d'aborder

<hr>

1. *Charette et la guerre de Vendée*, pp. 516, 517. — Les chiffres donnés par M. Bittard des Portes sont probablement un peu forts pour le nombre des Anglais, et plutôt faibles, pour celui des Français.

à la côte, sans avoir le risque d'échouer et d'être pris en travers par la lame. Je parle des canots même les plus légers. » (1).

Le point avait été singulièrement choisi par les Anglais pour ce que l'on avait en vue; et les Républicains ne l'ignoraient pas, car, bientôt, le Comité de Salut Public écrivait à Hoche : « La saison, trop avancée pour tenir la mer, fera disparaître la flotte anglaise » (2).

L'installation, du reste, était regardée, au moins par les Emigrés, comme toute provisoire. Les regards étaient toujours tournés vers Charette. Dans l'ignorance où l'on était du gros échec qu'il venait d'essuyer, rien ne donnait encore lieu de désespérer.

Cependant, l'absence de nouvelles commença bientôt à rendre anxieux. Toutes les communications précédentes avaient été rapides, à l'aller comme au retour, et voilà qu'on ne reçoit plus rien. Rivière, débarqué depuis cinq jours, n'a pas donné signe de vie. Sur la côte on

1. *Mémoires de Vauban*, p. 213.

2. Lettre du 20 octobre. SAVARY, t. VI, p. 26.

n'aperçoit au loin que les couleurs républicaines.

Monsieur écrit alors au général vendéen une nouvelle lettre dont les termes rendent bien compte des sentiments et des impressions qui l'agitent :

« Ile d'Yeu, 5 octobre 1795.

« Nous sommes ici depuis trois jours, Monsieur, et nous n'avons encore aucune nouvelle de vous. M. de Rivière a été mis à terre le 30. Il avait donné rendez-vous au bâtiment qui l'avait débarqué ; mais, depuis ce temps, il n'a plus été possible d'avoir aucune communication avec le continent, dans cette partie, et l'officier anglais qui s'en était chargé n'a vu que des troupes ennemies répandues sur la côte.

« Dans cette pénible circonstance, j'ai accepté le dévouement de plusieurs gentilshommes poitevins, qui m'ont offert de se jeter sur la côte et de tout risquer pour pénétrer jusqu'à vous.

« La saison s'avance ; la mer peut et doit devenir impraticable d'ici à peu de jours. Les bâtiments de transport et les

vaisseaux de guerre ne peuvent pas prolonger leur séjour dans la rade de l'île
d'Yeu ; il est de toute importance de
profiter du temps qui nous reste.

« Les généraux ont bien voulu, sur
ma demande, faire placer sur des bâtiments légers et sûrs les objets qui vous
sont le plus utiles dans le premier moment,
tels que les armes, les munitions, les
habillements et l'artillerie. Indiquez-nous
maintenant un lieu sur la côte où nous
puissions opérer le débarquement de tous
ces objets. Le général Doyle fera soutenir et protéger cette opération par un
corps de six cents Anglais avec deux
cents Français, et nous nous porterons
sur le champ à l'endroit que vous aurez
indiqué d'une manière positive, d'après
les moyens que le général Doyle peut
employer à cette opération.

« Si vous trouvez trop de difficultés à
la prompte exécution de ce projet, ou si
les circonstances ne vous permettaient
pas de le seconder avec une partie suffisante de votre armée, *je vous demande,
je vous ordonne même*, de me marquer
un point quelconque sur la côte, depuis
Bourgneuf jusqu'à la pointe de l'Aiguil-

lon, où vous puissiez porter, à jour nommé, un corps de quelques centaines de
chevaux. *Je m'y trouverai sans faute.* Je
m'y réunirai à votre intrépide armée, et
nous conviendrons ensuite du lieu où
nous pourrons donner la main aux Anglais et établir une communication cons-
tante et solide avec eux.

« Tous les retards que j'éprouve m'af-
fectent sensiblement, mais ils n'affaiblis-
sent pas ma constance ni la fermeté de
ma résolution.

« Vous connaissez, Monsieur, tous les
sentiments que je vous ai voués pour la
vie.

« CHARLES-PHILIPPE.

« M. Bodard qui vous remettra cette
lettre est chargé de vous communiquer
verbalement les détails qu'il me serait
impossible de placer ici.

« C. P. »

Le Prince ne renonce pas tout-à-fait à
l'espérance qu'il avait eue jusque là de
trouver Charette assez fort pour effectuer
un débarquement dans les conditions
de celui de Quiberon, ou tout au moins

de celui du 10 août à Saint-Jean de Monts.
Il est clair cependant que sa confiance est
plus ou moins ébranlée. Il prévoit le cas
où l'on ne pourrait agir qu'en trompant
les Républicains, par un mouvement
rapide et partiel, sur un point quelconque de la côte; mais, dans l'une ou l'autre
condition, sa résolution ne peut apparaître
plus ferme. Il viendra seul ou presque seul;
s'il ne se peut mieux, — quoique ce parti ne soit admissible, à nos yeux, qu'à la
dernière extrémité. — Qu'on lui indique
seulement le lieu où il devra descendre à
terre et trouver la petite force de cavalerie nécessaire pour guider sa course vers
les combattants qu'il aspire à rejoindre,
il sera au rendez-vous : « Je m'y trouverai sans faute. » Est-ce trop demander ;
est-ce même assez, tant qu'on ne suppose
pas Charette complétement anéanti ? Et
comment prétendre que ce soit là le langage d'un homme qui chercherait à reculer ?

L'abbé Robert se demande si cette
lettre du comte d'Artois parvint à destination et paraît disposé à admettre le
contraire, en quoi cependant il se trompe,

car elle fut trouvée dans le porte-man-
teau de Charette, pris à l'une de ses dernières affaires. (28 février 1796) (1). Mais,
ce qui revenait au même, comme effet,
elle ne reçut jamais ancune réponse.

Charette, cependant, précisément à la
même date du 5 octobre, écrivait de son
côté deux lettres (2), l'une à *Monsieur*,
l'autre à sir Warren, lettres qui probablement n'étaient que les réponses à celles
que lui avait portées Rivière, et qui n'a-
vaient pu être remises que tardivement.

Au comte d'Artois il disait :

« Rien ne serait plus propre à adoucir
les privations que l'éloignement de votre
personne impose, que la satisfaction de
vous suivre sur le champ de la gloire.

« Je vais faire tout mon possible pour
assurer votre débarquement, qui sera très
aisé si je ne m'y porte pas, et impossible
si je m'y porte, vu que tous les Républi-

---

1. BITTARD DES POKTES, p. 518, note 2. IBID. p. 579.

2. Certains ont cru que ces lettres étaient une réponse
à celle du comte d'Artois donnée ci-dessus ; mais il est de
toute impossibilité que celle ci eût pu parvenir avant que
les autres fussent écrites. Il ne faut donc voir qu'une
coïncidence fortuite dans la rencontre des deux corres-
pondants sur un point qui tenait à cœur à tous les deux.

cains, dans la Vendée, ont les yeux fixés sur moi.

« Puisse le Ciel vous rendre à nos vœux ! et vous verrez les Royalistes qui, jaloux de vous posséder, n'omettront rien pour mériter votre confiance et votre estime. »

Au commodore anglais il écrivait :

« Il m'est impossible de me porter avec mon armée sur la côte pour un débarquement d'effets, vu que les Républicains qui sont dans la Vendée ont toujours les yeux fixés sur moi ; qu'ils marcheraient sur plusieurs colonnes et me resserreraient de si près que je n'aurais d'autre retraite que la mer, ce qui serait très dangereux, surtout dans la saison où nous sommes.

« Le débarquement peut s'effectuer d'une autre manière, à la côte de Saint-Jean de Monts, sans qu'il se tire un coup de fusil. Je vais donner l'ordre à trois de mes divisions de se porter sur la côte, et moi, j'attaquerai, en même temps, les Républicains du côté opposé. Par cette manœuvre, l'ennemi trompé contribuera lui-même au succès de l'expédition. »(1)

Ces lettres à vrai dire, n'étaient qu'un aveu d'impuissance trop clair. Cependant, comme elles ne faisaient pas formellement allusion au dernier échec et à la situation qui en résultait, — ce qui peut-être était un tort, — elles auraient pu déterminer le comte d'Artois à risquer quelque tentative comme celle dont, le jour même, il annonçait avoir l'intention; mais elles furent interceptées par les Républicains, (2) et toutes celles qu'on essaya de faire parvenir ultérieurement devaient avoir le même sort. Hoche l'affirme, sans doute possible, suivant cette annotation inscrite de sa main à la suite d'une dernière lettre du comte d'Artois,(3) également saisie par lui : « Il est bien évident que, *du 5 octobre au 15 novembre*, les ennemis n'ont point communiqué entre eux. » (4).

1. SAVARY, t. VI, pp. 8, 9.

2. BITTARD DES PORTES, p. 518, note 2.

3. Celle du 17 novembre.

4. BITTARD DES PORTES, p. 533, note 1. Archives de la Guerre — Toutes les questions que l'on s'est posées, relativement aux lettres supposées parvenues ou non, sont donc absolument résolues par la négative.

On juge aisément quelle devait être l'impression parmi les Emigrés, compagnons de *Monsieur* ; l'énervement, le découragement qui devaient résulter de cette situation. Quelle différence avec ce dont on s'était flatté ! Cette armée royaliste qu'on avait cru trouver puissante, dominant le pays et la côte, et dont on n'apercevait pas trace, dont on n'avait pas même de nouvelles, qu'était-elle devenue ? existait-elle encore ? On ignorait le récent échec de Charette, mais l'ignorance était peut-être pire que n'eut été la réalité connue.

On retrouve quelque chose de cet état trop naturel des esprits dans les correspondances échangées entre les membres du corps expéditionnaire et leurs parents ou amis d'Angleterre :

« Nous voici depuis quelques jours, écrit l'un deux, (1) le 7 octobre, dans un bourg de l'île d'Yeu, après avoir resté six semaines en mer...

« Tout est dans le plus grand secret,

1. M. Olevry, officier de l'armée royale, à M. Simany. SAVARY, t. VI, pp. 12, 13.

mais on aperçoit aisément sur certains
visages combien ils sont las de tout ceci.
Je crois qu'on a compté avant son hôte ;
les cadres, obligés de camper et de faire
le service de soldat, sont outrés contre
leurs chefs ; on s'occupe de les faire passer
individuellement ; c'est ce qui prouve
combien on est peu sûr de la réussite.
Les points par où l'on pourrait pénétrer
chez Charette sont interceptés ; les postes sont doublés et même triplés. Je crois
que l'expédition est manquée, la saison
étant peu favorable et l'ardeur très ra-
lentie... »

« Nous attendons, tous les jours, dit un
autre (1), une partie de nos troupes qui
sont à Quiberon. Nous sommes aussi
dans l'attente des nouvelles de Charette,
dont nous ne sommes éloignés que de six
lieues. Une partie des troupes des Pyrénées est arrivée sur les côtes... »

Un troisième (2) enfin, le 27 octobre :
« J'ai écrit à mon frère par le prince de
Léon, qui est parti hier, avec une partie

1. Le chevalier de Sainte-Luce à M. de Chazelles, 12
octobre. SAVARY, t. VI p. p. 12, 13.

2. Le chevalier de la Motte Rouge de Montmuran.
ABBÉ ROBERT, p. 344.

de ses cadres très fatigués et ennuyés. Ces messieurs ont réellement été mal traités ; on leur a fait faire un service très pénible, et la plupart d'eux sont à peine couverts ; il fait un temps affreux depuis trois semaines...

« Les troupes patriotes, qui étaient dans les environs de Quiberon et d'Auray, ont toutes marché sur Charette, dont nous n'avons aucune nouvelle positive. Il est vrai que, depuis un mois, il a été impossible d'approcher de la côte à cause du mauvais temps...

« L'ami L... espérait beaucoup de l'arrivée de *Monsieur* sur nos côtes ; mais, malheureusement, nos moyens étaient insuffisants pour rien tenter par force, et nos amis sont trop faibles pour venir nous chercher. »

Il faut ajouter à cela l'attitude des Anglais qui provoquait, avec trop de raison, un vif mécontentement : « *Monsieur*, disait le dernier correspondant ci-dessus cité, a désiré avoir les cadres pour sa garde ; alors ils eussent été moins fatigués ; mais les Anglais, *qui ont répondu de sa personne sur leur tête*, n'ont pas voulu qu'il fût gardé par d'autres que par eux. » (1)

Un événement qui ne put manquer d'apporter à l'île d'Yeu un nouveau sujet de découragement, et non le moindre, fut l'échec de la malheureuse tentative du XIII vendemiaire (5 octobre 1795). Plus la Convention approchait du terme de son existence sanglante, plus la réaction contre le régime révolutionnaire se prononçait dans toute la France et principalement dans la capitale. Cette disposition des esprits devait amener une explosion dont l'imminence était avec raison escomptée par les espérances royalistes. On sait comment échoua l'entreprise des Sections, mal concertée, sans chef capable de lui imprimer une direction, et la facile victoire que dut la Convention expirante aux séides de Barras et aux canons de Bonaparte. La nouvelle en parvint, au bout de peu de jours, aux armées républicaines. Hoche la transmit le 12, au général Rey, en lui disant :

1. Abbé Robert, p. 344.

« La liberté vient encore de remporter une victoire sur le despotisme. La Convention nationale, insultée, attaquée par des factieux et des chouans, a été défendue par nos braves frères d'armes... Les Royalistes ont été complètement anéantis » (1). Les mêmes faits ne purent tarder longtemps à venir à la connaissance des Emigrés et surtout de leurs chefs.

Tout se réunissait donc pour entretenir l'hésitation, accroître la défiance, et empêcher que l'on pût prendre raisonnablement un parti, dans l'attente vaine où l'on se consumait du côté de Charette.

1. SAVARY, t. VI, pp. 18, 19.

VI

Prétendu débarquement de la Tranche ou de Saint-Jean de Monts

On prétend, cependant, qu'un débarquement de matériel aurait eu lieu dans le courant du mois d'octobre, et le fait même est donné comme certain par la plupart des historiens royalistes, mais avec des divergences sur les circonstances de date, de lieu et d'autres encore, qui nous ont toujours paru laisser place à des doutes sérieux, avant toute autre démonstration d'une vérité absolument contraire. Or c'est à propos de ce débarquement que le comte d'Artois a peut-être été le plus vivement incriminé. Il y a donc lieu d'examiner sur quoi repose en cela la légende qui tend à charger sa mémoire. Nous disons légende, car nous verrons bientôt que ce n'est pas autre chose. Voici d'abord ce

qu'écrit Crétineau-Joly, dont les dires
ont trouvé d'autant plus de créance et
fait d'autant plus d'impression, dans leur
sévérité, qu'il était lui-même personnellement plus favorable à la cause royaliste :

« Rivière, à travers d'incroyables obstacles, était parvenu au camp de Charette ; il avait appris au général l'arrivée de
Monsieur et son désir de rejoindre les
Vendéens. Pour favoriser la descente et
recevoir dignement le fils de France,
Charette convoque toutes ses divisions
et marche vers la mer, plein de joie et
d'espoir ; l'armée partage ses transports.
Le lieu du débarquement lui est indiqué,
et, forte au moins de quinze mille hommes, dont plus de dix-huit cents de cavalerie, elle s'avance en bon ordre. Le 10
octobre, Charette remporte à Nesmy un
léger succès. Deux jours après, il lutte
encore contre les Républicains, dont les
lenteurs de l'expédition tendent à accé-
lérer la réunion. Il appelle autour de
lui ses plus braves soldats. Il a la promesse du comte d'Artois. *Monsieur* s'est engagé à venir en Vendée en partisan ; et,
pour Charette, sa présence vaut une ar-

mée. Charette a répondu dans ce sens ;
il marche pour mettre à profit les coura-
geuses inspirations du comte d'Artois ;
il approche enfin du village de la Tranche, non loin du Pertuis-Breton, lorsque
le comte de Grignon, aide de camp du
Prince, accourt à sa rencontre. Grignon
lui annonce, de la part de *Monsieur*, que
le débarquement est ajourné et que les
Anglais attendent une occasion plus
opportune ; en même temps, il remet au
général un magnifique sabre, sur lequel
était gravée cette devise : « Je ne cède
jamais. » C'était un présent du frère de
Louis XVI. En le recevant avec la nouvelle dont il était destiné à amortir le
coup, Charette pâlit de colère, ses traits
se contractent, et, après un moment
de silencieuse anxiété : « Dites au Prince, s'écrie-t-il, qu'il m'envoie l'arrêt
de ma mort. Aujourd'hui, j'ai quinze
mille hommes autour de moi ; demain,
il ne m'en restera pas trois cents. Je n'ai
plus qu'à me cacher ou à périr les armes
à la main ; je périrai. » (1)

M. Bittard des Portes, sauf quelques

1. CRÉTINEAU-JOLY, t. II, pp. 410, 411.

détails insignifiants, reproduit ce récit et cette mise en scène, très saisissante assurément, si le fond en était exact. Il y ajoute seulement cette suite :

« Grignon annonçait, en même temps, que sir Warren et le général Doyle avaient envoyé deux bâtiments anglais dans le Pertuis-Breton, en face de la Tranche. Ces navires apportaient de la poudre, des fusils, des effets. Malgré son désappointement, Charette chargea une de ses divisions de recueillir ces approvisionnements, qui furent débarqués sans difficulté dans la journée du 12 octobre. » (1) Le même auteur assure encore (2) que Grignon était débarqué le 10, et avait erré pendant deux jours, avant de rejoindre Charette aux environs de Nesmy (3).

Ainsi le débarquement a lieu, *le 12 octobre*, à la Tranche, non loin de la

1. *Charette et la guerre de Vendée*, p. 421.

2. D'après la Fontenelle de Vaudoré.

3. Nous laissons de côté Théodore Muret, qui admet bien le débarquement, mais qui est muet sur l'incident du comte de Grignon, ou du moins le reporte au mois de novembre, c'est-à-dire après le départ du comte d'Artois, et en de tout autres circonstances.

pointe de l'Aiguillon. Admettons, pour un instant, qu'il en ait été ainsi. On remarquera d'abord que Crétineau-Joly, par suite de l'erreur relevée précédemment, raisonne comme si Charette ne venait pas de subir le désastreux échec du 25 septembre. Il le voit toujours avec son armée intacte, et, dans ces conditions, en évaluer la force à une quinzaine de mille hommes peut ne pas paraître trop exagéré, quoique, en réalité, son plus grand effort n'en ait jamais réuni que huit à dix mille (1). On est plus étonné de voir M. Bittard des Portes, qui lui connait la vérité sur le combat de Saint-Cyr, et après ce qu'il a dit de ses suites, admettre le même chiffre, en se basant sur un passage des Mémoires de Lucas-Championnière (2), dont nous verrons bientôt ce qu'il faut penser.

Toujours en admettant le fait du débar-

---

1. Au moment du combat de Saint-Cyr, sa lettre du 16 septembre parle bien de *douze mille*, rassemblés dans l'attente de l'arrivée du Prince, mais, comme aucune action ne suivit, il est permis de voir dans ce chiffre un peu d'exagération.

2. *Mémoires sur la guerre de Vendée*, par LUCAS DE LA CHAMPIONNIÈRE, Paris, Plon et Nourrit, 1904. Leur publication n'avait pas encore eu lieu au moment où écrivait M. Bittard des Portes.

quement, il y aurait encore à faire observer que, si Charette « a la promesse du
comte d'Artois », si « *Monsieur* s'est engagé à venir à la Vendée en partisan »,
« si Charette a répondu dans ce sens »,
il y a autre chose qu'on paraît oublier :
Oui, *Monsieur* s'est engagé à venir, même seul ou presque seul, mais en demandant — ce qui, certes était une prétention modeste — qu'on lui fasse connaître l'heure et le point où quelques
cavaliers pourront le recevoir pour le
guider, indication qu'on est encore à
attendre ; Charette a répondu, — peut-
être, — mais sa réponse n'est certainement jamais parvenue. Quant à sa lettre
du 5 octobre, qui ne parvint pas davantage, c'est à Saint-Jean de Monts, et non
à la Tranche, qui s'en trouve à plus de
soixante kilomètres, qu'elle aurait engagé le Prince à le chercher ; et c'est probablement pourquoi l'abbé Robert place
effectivement le prétendu débarquement
à Saint-Jean de Monts, en face de l'île
d'Yeu, en lui assignant la date, non plus
du 12, mais du 17 ou 18 octobre, c'est-à-
dire en désaccord flagrant, pour le
temps et pour le lieu, avec Crétineau-

Joly, Bittard des Portes et autres.

Mais inutile de nous arrêter davantage aux réflexions qu'appelleraient ces divergences entre les historiens, ces prétéritions de témoignages les plus importants dans la cause. La vérité est que le récit très impressionnant de Crétineau, et celui des auteurs qui l'ont suivi de près ou de loin, est non pas une invention volontaire sans doute, mais le fait d'une confusion complète, indiscutable aujourd'hui, depuis la publication récente des Mémoires de Lucas-Championnière, sur le manuscrit desquels on s'appuyait, sans voir qu'on prenait ce qu'ils disent absolument à contresens.

Comment s'exprime, en effet, l'auteur de ces souvenirs d'une incontestable autorité, brave officier de la division de Retz, acteur de tout ce qu'il raconte ? « Les Anglais, dit-il, avaient encore sur leurs vaisseaux quelques munitions qu'ils n'avaient pu débarquer à Quiberon. On fit savoir à M. Charette de venir les prendre, et nous nous rendîmes à cet effet dans les plaines de Soullans. De là, le général envoya quelques divisions du côté de Saint-Jean de Monts, qui

firent effectuer le débarquement, moyen-
nant une petite déroute qu'ils (*sic*) don-
nèrent à un détachement sorti de Saint-
Gilles. Pendant ce temps-là, nous étions
restés en bataille devant les troupes qui
gardaient Challans. Nous n'eûmes d'autres événements qu'une petite escarmou-
che de cavalérie dans le bourg de Soullans. Le troisième jour, nous emmenâmes
sur les charettes du pays tout ce qui
avait été débarqué, qui consistait dans
quarante mille livres de poudre, deux
pièces de canon de huit, des uniformes
rouges, quelques chemises, bas et sou-
liers, (1) et le tout fut conduit à Belleville. » (2).

Voilà pour le débarquement ; après
quoi : « Le débarquement devait être
suivi d'une descente d'Emigrés ; bientôt
le comte d'Artois arriva à l'île d'Yeu, et
on s'était déjà rassemblé deux fois pour
protéger son entrée ; mais quelques raisons apportaient toujours du retarde-
ment ; enfin le jour étant définitivement

1. Remarquer que cette énumération, quoique un peu plus
sommaire, est conforme à celle que donne Charette, dans
sa lettre du 15 août, pour le débarquement du 10.

2. Lucas-Championnière, p. 121.

fixé, et, toutes les divisions étant réunies, nous partîmes pour aller à la Tranche. L'armée était aussi nombreuse qu'on l'eût jamais vue, et des hommes que nous ne connaissions point et qui n'avaient jamais fait la guerre vinrent ce jour-là à l'armée, pour saluer le Prince et lui offrir leurs bras. Par malheur, à moitié chemin, le général est rappelé pour apprendre d'un nouvel envoyé que ce serait pour une autre fois. Un seigneur anglais envoyait à M. Charette un beau sabre, avec cette devise incrustée sur la lame : « Je ne cède jamais. » (1).

Ce sont bien les circonstances dans lesquelles on fait intervenir Grignon comme porteur du triste message d'ajournement. Mais il faut poursuivre : « Cependant, pour ne pas décourager les troupes, qu'on avait bercées de cet heureux espoir, M. Charette feignit d'avoir eu d'autres desseins que celui de gagner les bords de la mer, et, d'après l'avis de son Conseil, il fit attaquer Saint-Cyr. » (2) Suit le récit de ce combat qui nous est

1. *Mémoires de Lucas-Championnière*, pp. 123, 124.

2. *Ibid.* p. 124.

connu, et de la mort de Guérin, auquel
l'auteur rend ce beau témoignage : « De
toutes les pertes, la plus sensible et
certainement la plus irréparable fut la
mort du brave Louis Guérin. Pour le
courage, et je puis le dire pour le talent,
il était le premier de l'armée, réunissant
la confiance du général et celle de tous
les soldats ; » (1) à quoi il ajoute un peu
plus loin : « On a remarqué que, depuis
la mort de Guérin, nos affaires ont toujours été en déclinant ; notre chute entière ne tarda pas à avoir lieu. » (2).

Ainsi pas de doute possible ; le débarquement à Saint-Jean de Monts (car il ne
faut pas le chercher ailleurs), la marche
sur la Tranche, sont antérieurs au combat de Saint-Cyr, par conséquent au 25
septembre, c'est-à-dire à l'arrivée du
comte d'Artois à Noirmoutier et à l'île
d'Yeu ! Il est même infiniment probable
que le prétendu débarquement du mois
d'octobre n'est autre que celui du 10
août. (3) Dans tous les cas, il ne reste rien

1. *Mémoires de Lucas-Championnière*, p. 127.
2. *Ibid.* p. 130.
3. Le seul indice que l'on puisse alléguer en sens contraire est ce court post-scriptum qui se trouve dans une

du réquisitoire porté contre le comte d'Artois pour avoir laissé cette descente se faire sans lui ; rien, sinon la fatalité qui avait mis Charette en mouvement avant l'arrivée de l'expédition, et une page injustement cruelle que s'empresserait sans doute de rayer Crétineau-Joly, mieux informé qu'il ne l'a été.

Que faut-il penser de ce qu'ajoute celui-ci : « le comte d'Artois, instruit de la colère des paysans et pressé par les gentilshommes qui n'étaient pas des courtisans, conçut la généreuse idée de tout risquer. Il n'était séparé du territoire vendéen que par un bras de mer. Chef de parti, il voulut voir si les flots porteraient aussi heureusement la fortune d'un Bourbon que celle de César...

lettre de Hoche « au citoyen Mermet » du 18 octobre (SAVARY, t. VI, p. 26) : « Recherchez et donnez-moi des détails sur la descente de Saint-Jean de Monts. » Mais ces détails on ne les avait donc pas ; il pouvait ne s'agir que d'un fait plus ou moins erroné, peut-être d'un simple bruit. Il serait étrange qu'une mention plus explicite ne soit faite nulle part. Lucas Championnière ne cite aucun événement de ce genre au mois d'octobre. « *Depuis l'affaire de Saint-Cyr*, dit-il au contraire, des troupes nombreuses avaient couvert le pays.... notre *première* rencontre se fit près de Saint-Denis » ; et celle-ci est du 27 novembre ; rien n'est noté dans l'intervalle.

« Il chercha et fit chercher le plus faible moyen de transport ;..... il ne put le
trouver. L'île d'Yeu était sous la haute
surveillance de l'Angleterre. Alors le
comte d'Artois s'aperçut que les ministres de la Grande-Bretagne s'étaient ser-
vis de son nom pour porter le dernier
coup à la Vendée. » (1).

Sans doute, les plaintes des combattants — si plaintes il y avait — de la
Vendée n'avaient pas pu parvenir effectivement au Prince, pas plus que les
communications de Charette, mais son
cœur pouvait suffire à les lui faire entendre, à lui représenter la cruelle déception qu'entraînait le retard de son arrivée. Son désir, à un moment donné, de
tout risquer pour se jeter, coûte que coûte, sur la côte, paraît bien lui avoir inspiré les projets dont parle Crétineau, et
qu'annonçait suffisamment par avance
sa lettre du 5 octobre ; quant aux Anglais, nous avons déjà vu qu'ils n'avaient
pas voulu qu'il fût gardé par d'autres
que par eux, ayant « répondu de lui sur
leur tête. » Eurent-ils, en effet, à ce point

1. *Vendée militaire*, t. II, p. 412.

le parti arrêté de le garder malgré lui contre les inspirations de son courage ? Il est
possible, dans tous les cas, que les difficultés matérielles les aient dispensés en
partie de l'emploi de moyens violents.
Le général marquis de la Boëssière, dans
les observations qu'il adressa à Crétineau-Joly à la suite de la publication de
la *Vendée militaire*, écrivait en effet :

« Des tempêtes se succédèrent avec
une intensité et une violence telles que,
même dans les intervalles des coups de
vent, la mer était si grosse aux atterrages
que les marins les plus intrépides du
pays, qui essayaient d'aborder toutes les
fois qu'une chaloupe pouvait tenir la
mer, ne purent jamais y réussir... Deux
fois, moi-même, je proposai de faire les
efforts les plus aventureux pour essayer
d'aborder. Que feriez-vous, me répon-
dait-on, que ne tentent infructueusement
les loups de mer qui connaissent ces
côtes ?

« J'ai donc la connaissance *certaine*
que, pendant tout le temps de l'occupation de l'île d'Yeu, il a été impossible,
même pour un homme seul, d'aborder
les côtes vendéennes, où tous les points

abordables étaient occupés par l'ennemi,
et où la mer brisait sur tous les autres
points avec une furie qui en rendait l'a-
bordage impraticable. M. de Trégomain
ici présent, en a la connaissance certaine
et m'autorise à le dire en son nom...» (1)

Quoiqu'il en soit, si les chefs anglais
firent au malheureux prince la violence
dont on les accuse, on n'aura pas la naï-
veté de croire que ce fût par pure solli-
citude pour la conservation de sa personne. Le gouvernement britannique ne devait pas non plus garder, à ce moment,
beaucoup des anciennes craintes qui
l'avaient trop longtemps détourné de
permettre à un prince français l'accès
des pays insurgés, afin qu'une action
victorieuse ne pût se produire par les
seules forces royalistes. Hélas ! on était
bien loin de ce danger ; mais un autre
motif nous paraît plus plausible, et serait
en même temps celui que, dans la circonstance, on pourrait regarder sinon comme
désintéressé au moins comme relative-

1. Abbé Deniau, t. v, p. 385. — Il est à remarquer
qu'en dehors de Vauban, le général de la Boëssière seul a
le caractère d'un témoin oculaire et présent à l'île d'Yeu.

ment avouable, à savoir la certitude de l'insuccès fatal auquel eût abouti un coup de désespoir tenté par le comte d'Artois, insuccès qui, le faisant tomber infailliblement aux mains des Républicains absolument maîtres de la côte, mettait au pouvoir de ceux-ci un otage de grand prix; et vraisemblablement entraînait du coup la fin de toutes les insurrections, à quoi la politique du cabinet de Saint-James n'eût pas trouvé son compte, ne voulant pas plus le triomphe que l'écrasement total des Royalistes.

Napoléon a bien dit dans ses *Mémoires*: « La République était perdue, si les Anglais eussent laissé descendre sur le sol de la Patrie le comte d'Artois. » (1) Notons que ces mots montrent bien le sentiment de celui qui les écrit sur les entraves mises par les Anglais à la volonté du Prince; mais, hors de là, ce qui pouvait être vrai avant la désorganisation des forces de Charette, et si l'on eût devancé les mitrailleurs de Vendémiaire, ne l'était plus à l'heure où nous sommes, et surtout, le lendemain de l'écrasement des

1. *Commentaires de Napoléon 1er*, t. iv, p. 97. Edition impériale.

Sections, qui rejetait plus loin que jamais toute espérance raisonnable fondée sur l'état intérieur et la réaction de l'opinion en France.

« Si le comte d'Artois, a dit d'un autre côté Théodore Muret, (1) ne pouvait débarquer en prince à la tête d'une armée, il devait le faire comme un partisan, comme un héroïque particulier. » Ceci est une autre question, et nous n'y contredirons pas ; mais nous soutenons que ce n'est pas à l'île d'Yeu qu'il devait agir ainsi, quand il en aurait eu la possibilité matérielle. Il ne fallait pas venir avec une expédition dont les membres avaient le droit de compter qu'on ne les abandonnerait pas. Il ne fallait pas se mettre sous l'œil des Anglais. Il ne fallait pas surtout commencer par attirer sur soi l'attention de toutes les forces républicaines, comme pour les inviter à saisir, en étendant la main, un adversaire d'une si capitale importance. Ce qui s'imposait de toute évidence pour tenter une pareille aventure, c'était de se lan-

1. *Histoire des guerres de l'Ouest*, t. III, pp. 344, 345.

cer seul d'un point où l'on fût arrivé
d'abord incognito, comme d'Andigné
proposa au duc de Bourbon de le faire
avec lui ; mais encore fallait-il, à moins
d'agir avec la dernière légèreté, s'assurer qu'on ne serait pas plus à charge
qu'utile aux combattants qu'il s'agissait
de rejoindre, suivant la crainte qu'exprimait Cadoudal au marquis de la Boëssière, à propos d'une idée semblable
dont il avait été question pour le Morbihan. (1)

1. Lettre à Crétineau-Joly (ABBÉ DENIAU, t. v, pp. 385,
386) : « Je me souviens parfaitement, dit la Boëssière,
d'avoir entendu Georges Cadoudal,... sur cette question de
l'arrivée de *Monsieur* sans troupes, dire que la présence
du Prince l'embarrasserait beaucoup. »

VII

Mercier-*la Vendée*, Vauban,
Le duc de Bourbon.

IOLENCE peut-être du côté des Anglais, obstacles résultant de l'état
de la mer, absence de nouvelles du côté
de Charette, le comte d'Artois était réduit à ronger son frein, dans l'attente qui
se prolongeait sans fin, de jour en
jour plus pénible. Mais si toute communication semblait devenue impossible
avec la côte poitevine, il n'en était pas
de même avec la Bretagne. Une correspondance presque régulière s'y était
établie, par le moyen de la flotte anglaise stationnée à Quiberon, et on voit,
par le rapport d'un certain commandant
Drain, capitaine d'un navire de Bordeaux, qu'elle avait pour principal agent
un vieux prêtre, qui, d'une station établie
à la pointe de Locmariakec, faisait, cha-

que nuit, exécuter des signaux donnant
toutes les indications utiles pour assurer
les embarquements et débarquements à
la côte (1).

C'est par cette voie que le brave Mer-
cier-*la Vendée*, le second de Georges
Cadoudal (2), put aborder à l'île d'Yeu,
à la fin du mois d'octobre (3), vraisemblablement du 25 au 28 (4), accompagné
de MM. de la Béraudière (5) et d'Autichamp (6), officiers du pays de Stofflet,

1. SAVARY, t. VI, p. 82.

2. Et non Georges lui-même, comme quelques-uns le
crurent à l'île d'Yeu, et comme le dit, certainement par
erreur, M. Bittard des Portes.

3. Guillemot, dans sa *Lettre à mes neveux* (p. 105), place
le voyage de Mercier à la fin du mois de septembre, et dit
qu'il était de retour avant le 10 octobre, mais cette date
ne supporte pas l'examen; puisque, au mois de septembre,
Monsieur n'était pas encore descendu à l'île d'Yeu.

4. « Il y avait *huit jours*, dit Vauban, que ce général
qui se nomme M. le Mercier, dit *la Vendée*, était parti
pour y aller (à l'île d'Yeu), lorsque le Conseil général décida de m'y envoyer. » (*Mémoires*, p. 136). Or cette décision du Conseil est du 3 novembre.

5. Jacques-Victor de la Béraudière, le plus jeune des
quatre frères qui servirent comme lui en Vendée ou en
émigration, mort en 1841.

6. Charles-Marie de Beaumont d'Autichamp, fils cadet
du comte d'Autichamp, maréchal de camp, successeur de
Bonchamp, puis de Stofflet, lieutenant général en 1814,
mort en 1859.

qui n'avaient pas trouvé d'autre moyen que de faire ce très long détour, pour apporter quelques nouvelles de la Vendée angevine, de faible intérêt du reste, cette région continuant toujours de rester dans l'inaction (1).

Après être demeuré près de quinze jours dans l'île, auprès du comte d'Artois, Mercier revint porteur de la nomination de Georges Cadoudal comme général de l'armée du Morbihan, ayant reçu pour lui-même celle de major général (2), sans que l'on sache très exactement quel fut, d'ailleurs, l'objet et le résultat de sa mission. On ne peut douter seulement, d'après ce qui se passa bientôt dans le Morbihan (3), qu'il ait vivement incriminé Puisaye et mis le Prince en garde contre tout ce qu'aurait pu

1. Le Maître, officier de l'état-major de Scépeaux, arriva aussi à l'île d'Yeu vers ce moment, et probablement par la même voie. Arrêté peu après son retour, il fut condamné à mort le 19 novembre.

2. GUILLEMOT, *Lettre à mes neveux*, p. 105.

3. On sait qu'après son retour, c'est-à-dire à la fin de novembre, Mercier, de concert avec Georges Cadoudal, se crut autorisé à faire arrêter Puisaye, que, cependant, les deux chefs morbihannais se bornèrent à expulser de leur territoire, d'où il alla chercher assez piteusement un refuge dans l'Ille-et-Vilaine.

tenter pour se justifier le général de Quiberon, devenu l'objet d'une formidable réprobation depuis que l'on connaissait la fameuse lettre de Sombreuil à sir John Warren (1). Il est également certain qu'il fut très écouté et que son passage laissa l'impression la plus favorable (2). La barque qui le remit à terre sur la côte bretonne en ramena le comte de Vauban, qu'elle transporta, le 11 novembre, à bord du *Stendart*, d'où il fut, le soir du même jour, débarqué par un côtre à l'île d'Yeu.

Vauban arrivait comme délégué de Puisaye, ou plutôt, nominalement, du Conseil constitué par lui, dit *Conseil général des armées Catholiques et Roya-*

1. L'authenticité de cette lettre a été niée par Puisaye dans ses *Mémoires*, mais cette dénégation est trop intéressée pour pouvoir produire une bien sérieuse impression, et si la pièce eût été de fabrication républicaine, on ne s'expliquerait pas les passages qu'elle contient, affirmant la capitulation à Quiberon.

2. « On me parla beaucoup du général Mercier, dit *la Vendée*; je vis qu'il avait eu beaucoup de succès, que l'on en avait été fort content...

« Je ne fus donc pas longtemps à m'apercevoir combien il avait plu; car tous les alentours prépondérants, qui cependant ne le connaissaient que depuis quelques jours, en parlaient dans toute occasion avec une chaleur dont je ne pouvais démêler la cause. » (*Mémoires de Vauban*, pp. 241, 242).

les de Bretagne. Il ne faillit pas à plaider
la cause de son général, à le représenter
comme tenant toujours la Bretagne dans
sa main, quoique, de toute évidence, le
Morbihan le rejetât absolument, et qu'il
fût ailleurs l'objet d'une grande défiance
et d'une mince considération. Pour lui,
les forces sur lesquelles on pouvait compter étaient immenses. Il ne lui coûtait
pas de les chiffrer par cent mille hommes
et plus ; — cent-vingt mille, disait-il,
dont quarante-cinq mille parfaitement
armés pour les quatre départements d'Ille-et-Vilaine, Côtes-du-Nord, Finistère et
Morbihan (1). — La présence de *Mon-*
sieur, ardemment désirée, devait dou-
bler le nombre des combattants royalistes et entraîner indubitablement le succès ; mais c'est à Puisaye, non à Charette qu'il fallait aller. « M. le comte de
Puisaye, général en chef des armées de
Bretagne, créateur du parti, joint à beaucoup de courage beaucoup d'esprit, et
surtout celui qui tient à conduire les
hommes, à organiser, à tenir un parti....
Chef d'un pays neuf qui réunit à lui seul

1. Il y joignait soixante-seize mille hommes pour la
Vendée, l'armée de Scépeaux et la Normandie.

plus de forces et de moyens que la totalité de toutes les autres armées royalistes ne peuvent en offrir..., il n'avait d'autre but que d'être uni avec tous les autres chefs.... Il était parfaitement d'accord avec M. le vicomte de Scépeaux et M. le général Stofflet... (1). Au contraire, « l'*ambitieux* Charette, selon son usage, ne communiquait que rarement et superficiellement avec les autres chefs. Son *ambition effrénée*, passion qui autant que l'amour de la chose l'avait souvent conduit, ne lui laissait pas voir de sang-froid qu'il y eût d'autres chefs que lui. Dans les temps les plus reculés, cette même ambition, compagne de la jalousie, l'avait jeté dans ses marais pour le soustraire à l'obéissance des anciens chefs vendéens, dont il ne restait plus que Stofflet, sous lequel il avait servi autrefois. Ce ressouvenir l'avait toujours poursuivi. Sa *haine* lui avait fait faire la paix... tout homme qui pouvait être son rival de gloire était son ennemi né. Avec une profonde dissimulation... il régnait dans ses marais, où il était plus

1. *Mémoires de Vauban*, p. 224.

craint qu'aimé... Il ne communiquait avec personne, et attendait que le but de ses intrigues l'appelât au commandement suprême.» (1) D'après une correspondance de Paris, il existait « un grand plan d'intrigues pour déjouer les autres chefs et tout rapporter à Charette, qui soigneusement s'était fait une réputation de faits d'armes et d'actions auxquelles souvent il n'avait eu aucune part; et, sans y avoir coopéré, il en recevait les compliments. » (2).

Dans un entretien direct avec le comte d'Artois, Vauban ajoutait, — et sur ce dire malveillant on peut l'en croire, — que rien ne pouvait être plus fâcheux que de voir Charette chargé de la direction suprême ; « que Charette était le nom célébré par les trompettes de la Renommée dans toute l'Europe, mais que dans les pays royalistes ce n'était pas la même chose ; que sa réputation, qui à juste titre était très grande, ne réunissait pas les opinions au point d'inspirer le désir de le voir chef suprême, rô-

1. *Mémoires de Vauban*, pp. 224-227.

2. *Ibid*, pp. 227, 228.

le auquel il ne pouvait être appelé que par la confiance générale qu'il ne réunissait pas, et que la volonté royale échouerait sur cela à changer l'opinion ; que tout au plus une obéissance à sa volonté en serait le résultat, et que la langueur, l'apathie et le découragement prendraient la place de l'énergie et du courage ; que cela s'appelait détruire les partis, qui n'avaient de force que par la confiance volontairement donnée... » (1)

Ces discours ne pouvaient avoir pour résultat de faire dévier vers Puisaye les projets du comte d'Artois, ni même de modifier très sérieusement la répulsion du Prince pour l'homme, répulsion telle qu'aux premiers mots prononcés par Vauban, il avait répondu : « Mon cher comte, quand tu me parles de M. de Puisaye, *tu me présentes la tête de Robespierre* ; je ne puis avoir aucune espèce de confiance dans cet homme-là, et je t'avoue que quand je t'ai dit (2) de retourner en Bretagne, j'ai cru que tu m'en déferais. » (3)

1. *Mémoires de Vauban*, p. 252.
2. Lors de l'entrevue de l'île d'Houat.
3. *Mémoires de Vauban*, p. 244.

Il est vrai que Vauban lui ripostait,
— comme si, malgré l'évidence du contraire, la supériorité en tout genre de
son client n'eût admis aucun doute, —
en lui faisant observer philosophique-
ment, « que les liens de convenance et
d'amitié ne sont rien dans les révolu-
tions, mais l'intérêt du parti, tout ; que
Monsieur ne pouvait ni ne devait calcu-
ler quelle portion d'amitié sociale il
accordait à ce chef, mais de quelle utilité il était à la chose, et que le point de
la question était de savoir si *Monsieur*
voulait de la Bretagne avec M. de Puisaye,
ou rien sans lui ; qu'un roi nommait
bien un général d'armée, mais non un
chef de parti ; que le talent du maître est
de s'en servir ;... qu'enfin l'art, en fait de
révolution, consiste à se servir de tout le
monde, même de celui dont on n'esti-
merait pas les principes, et qu'à tort ou
à raison l'on haïrait » (1).

Ces arguments avaient le défaut de
pécher par la base, et quand il en eût été
autrement, c'était Charette que Louis
XVIII venait de nommer généralissime

____

1. *Mémoires de Vauban*, pp. 245, 246.

des armées Royales, tandis qu'il lui faisait écrire par le comte d'Avaray, (1) en rappelant « cet affreux désastre de Quiberon, *résultat nécessaire de l'impéritie du chef.* » Ce n'était pas évidemment contre les directions si formelles du Roi qu'il était possible d'aller, en dehors de toutes les raisons qui s'y ajoutaient.

Mais, si le Prince ne pouvait être ébranlé dans le sens que prétendait Vauban, il pouvait l'être plus ou moins dans la confiance qu'il avait mise jusque là dans Charette, à force d'entendre décrier le héros vendéen. Dès l'île d'Houat, on avait déclaré qu'il n'avait ni les forces ni les moyens nécessaires pour recevoir *Monsieur* et que l'expédition ne prendrait pas terre; il était trop facile d'ajouter maintenant qu'on avait eu raison et que tout le démontrait. Sans doute, on n'arrivait pas à changer les volontés premières, mais il était difficile qu'il ne résultât pas de ce travail incessant de dénigrement une impression décourageante, qui peut-être atténua la résistance au veto définitif par lequel l'Angleterre allait tout trancher.

1. Lettre à Charette du 4 Septembre 1795.

Deux choses sont encore à noter dans
ce que rapporte Vauban de son séjour à
l'île d'Yeu. Malgré le parti pris qu'il
montre, dans l'ensemble, contre le comte
d'Artois, et qui finira par aller jusqu'à
l'odieux le plus extrême, il paraît rendre
justice à l'attitude et aux sentiments du
Prince, au point que la contradiction est
flagrante avec certaines autres articula-
tions, surtout celles qui suivront en dernier lieu (1). Après ses premiers entre-
tiens, il écrit : « Dans toutes ces conversations et celles qui suivirent, *Monsieur*
m'avait comblé de bontés, m'avait constamment montré le plus grand désir de
se réunir aux Royalistes » (2). Et plus
loin, après une séance du Conseil, dont

1. On est tenté de croire d'après ces contradictions que
la rédaction des *Mémoires* a été double ; qu'il s'y trouve
un premier fond personnel à l'auteur nominal, sans parti
pris trop dénigrant, partial seulement pour Puisaye et
l'Angleterre, auquel se seraient superposées les additions et
les corrections des policiers de Fouché, sans avoir fait tout
disparaître des inspirations primitives. Comment, du reste,
expliquer autrement ces calomnies monstrueuses d'un
ancien aide de camp du Prince, qui parle à chaque instant des bontés que celui-ci n'a cessé de lui prodiguer ?
La pudeur la plus vulgaire aurait imposé, même dans le
blâme, un autre langage.

2. *Mémoires de Vauban*, p. 260.

il traite les membres (1) de « vieux intri-
gants, trop vieillis dans les anciennes
routines pour pouvoir se former des
idées nouvelles, et trop usés moralement
et physiquement pour ne pas craindre
une guerre de force, (2) il dit encore du
Prince : « Je retournai près de Son Altesse Royale... Elle me parut, comme toujours, pleine d'une ardeur que je n'avais
aperçue et trouvée qu'en Elle. » (3).

Donc l'*ardeur* de *Monsieur*, persistant
jusqu'au dernier moment (nous sommes
au 16 novembre), ne paraît pas douteuse
à Vauban lui-même, et cependant, c'est
sur la foi de ce même Vauban (nous par-
lons toujours des *Mémoires*, quelle qu'en
soit l'origine), qu'on a amèrement reproché au Prince ce propos tenu, dit-on, par
lui ou par son entourage, qu' « il ne
pouvait pas aller *chouanner* » ; parole
malheureuse, nous le voulons bien, que
Vauban rapporte en effet, sans que ce
soit peut-être un brevet d'authenticité,
mais que, surtout, chose assez singulière,

1. MM. de la Rosière, de la Chapelle, de Vaugiraud et
le baron de Rolle.

2. *Mémoires de Vauban*, p. 263.

3. *Ibid.*, p. 264.

il ne paraît nullement prendre lui-même
dans un sens reprochable et dont il ait
été choqué : « Plusieurs conversations,
dit-il, que j'avais eues seul avec M. le
baron de Rolle avaient toujours eu pour
refrain : « Mais *Monsieur* ne peut pas
aller *chouanner.* » Toujours j'avais répondu qu'il n'était pas question de
chouanner, et tout ce qu'on pouvait raisonnablement et victorieusement dire à
ce sujet. » (1). Une autre fois, c'est *Monsieur* lui-même qui lui aurait dit : « Je ne
veux pas aller *chouanner,* mais, s'il le
faut, je saurai bien prendre un bateau et
me faire descendre à la côte dans deux
fois vingt-quatre heures. » Sur quoi cette
réponse : « Ce n'est pas ce que nous
désirons et demandons à Votre Altesse
Royale ; Elle doit y être reçue à la tête
de forces considérables ; y descendre en
sûreté, et les Royalistes prendre une
attitude et adopter l'espèce de guerre
qu'il conviendra de faire lorsqu'ils au-
ront le bonheur et l'honneur d'avoir à
leur tête le frère de leur roi. » (2).

1. *Mémoires de Vauban,* p. 264.

2. *Id.,* pp. 257, 258.

Ainsi, faut-il admettre que, si le propos
a été tenu, sous une forme ou sous une
autre, il signifiait tout au plus, dans la
bouche du Prince, que, pour lui, il y
avait chouannerie et chouannerie, et
qu'il lui eût répugné, non sans raison
peut-être, de borner son action à une
guerre aux diligences ou autres faits de
même ordre.

Ce propos, du reste, ne pouvait viser
la réunion avec Charette, qui avait toujours été le seul objectif du comte d'Artois, mais celle que proposait au contraire
Vauban avec les Chouans de Bretagne,
c'est-à-dire avec Puisaye. Or nous avons
déjà vu suffisamment les raisons qui rendaient impossible au frère du Roi d'aller
se confier à cet homme néfaste, et il est
trop clair que son avocat, en s'efforçant
d'amener le Prince à lui, cherchait, vis-
à-vis de la réprobation dont il était l'objet, à lui apporter une réhabilitation qui
avait besoin de lui venir d'ailleurs.

Un détail sur lequel la plupart des historiens de la Vendée ont glissé très légè-
rement, quand ils ne l'ont pas passé

complètement sous silence, est la présence à l'île d'Yeu, à côté du comte d'Artois, d'un autre prince, le duc de Bourbon, présence, il est vrai, qui semble avoir été d'assez courte durée.

Arrivé à Londres quelques jours après le départ de l'expédition, le fils du prince de Condé y vit d'Andigné, qui ne lui cacha pas les motifs de son abstention dans la circonstance (1). On ne peut dire exactement à quelle date il rejoignit *Monsieur*, mais ce fut vraisemblablement peu après la descente des Emigrés dans l'île (2). De même pour ce qui concerne son

1. *Mémoires du général d'Andigné*, t. 1. p. 262. — Il est assez étonnant que d'Andigné ne fasse aucune allusion au voyage subséquent du duc de Bourbon à l'île d'Yeu. Il dit bien que lui-même lui proposa de lui faire prendre terre en Bretagne, par Jersey, mais il ajoute : « Les Anglais eux-mêmes étaient si peu persuadés que le ministère voulut mettre un prince français en France, que le prince de Bouillon, commandant la marine anglaise à Jersey, me dit quand je lui fis part du désir que j'avais eu d'amener avec moi le duc de Bourbon : « Vous pouviez l'amener et « le conduire chez moi ; je l'aurais fait passer en France ; « mais je n'aurais rendu compte de son arrivée à Jersey « que lorsqu'il aurait été rendu sur la côte de Bretagne. » Il ne reste donc guère de témoignage positif que celui de Vauban.

2. Muret dit cependant (t. v. p. 391). « Il (le duc de Bourbon) avait paru un moment à l'île d'Yeu, non pas avec *Monsieur*, mais plus tard, quand le retour de l'expédition était près de s'accomplir. »

retour en Angleterre, on sait seulement,
d'après Vauban, qu'il dut précéder l'arrivée de celui ci, c'est-à-dire le 11 novembre.

N'est-il pas évident à première vue,
que le duc de Bourbon, dont la valeur
était éprouvée et hautement reconnue,
n'abandonna pas l'idée de descendre en
Vendée, tant qu'elle put avoir quelques
chances de réalisation? Si donc ces chances n'existaient plus pour lui, ne devait-
il pas en être de même, — voire à plus
forte raison, — pour le comte d'Artois?
Rien ne semble plus simple que ce rai-
sonnement; mais que deviendraient alors
les accusations de Vauban ? Lui-même l'a bien compris ; aussi pour parer à
l'argument, dit-il, à propos du duc de
Bourbon, qu'il raconte avoir vu à Londres au commencement de 1796 : « Quoique ce prince fût peu parlant et que les
notions qu'il s'était formées, ou plutôt
qu'on lui avait données sur les armées
Catholiques et Royales fussent très peu
justes et fort défavorables pour elles,
cependant je fus à même de juger qu'il
se serait fait débarquer et que telle était
son intention, mais que *des ordres impé-*

ratifs de Son Altesse Royale l'en avaient empêché, et qu'il lui avait été ordonné par Elle de retourner en Angleterre ». (1). Puis, comme il faut trouver un semblant d'explication à cette monstrueuse allégation, voici celle qu'on imagine : « Le prince de la maison de Bourbon qui aurait combattu à la tête des Royalistes *remontait (sic)* sur le trône. Ces mêmes Royalistes auraient voulu celui qu'ils auraient suivi, en le voyant partager leur fortune et combattre à leur tête... et auraient voulu le voir profiter de son dévouement. Les chefs même n'auraient pu lutter contre cette volonté. Il faut le dire, la masse des Royalistes voulait un Bourbon et un roi ; mais ils combattaient plus pour la Royauté que pour le Roi. Or certainement leur roi eût été celui qu'ils auraient vu partager leurs dangers. Alors, il aurait fallu que le roi héréditaire eût reçu la couronne de celui qui la lui aurait conquise, toutefois s'il eût voulu la rendre, et toutefois aussi si l'on y eût consenti... *Monsieur* pouvait raisonnablement craindre l'ambition d'un Bourbon, qui, même

1. *Mémoires de Vauban,* p. 345.

eût-il voulu ou pu rendre une couronne conquise, aurait certainement conservé des droits que donne nécessairement un service de cette importance. » (1). Plus explicitement encore : « Le départ de M. le duc de Bourbon qui avait reçu de *Monsieur* l'ordre de retourner en Angleterre, avec la défense de débarquer (circonstance alors ignorée), (2) avait fait une sensation au moins aussi grande que le départ de *Monsieur*... (3) Je me rappelle d'avoir dit à M. le comte de Puisaye avec qui je me promenais seul : « Ce « départ annonce que *Monsieur* en fera « autant. Ne voulant pas venir, il craint « de mettre la couronne entre les mains « de la branche de Bourbon-Condé. » (4).

Tout serait donc question de jalousie, ou plutôt crainte d'une ambition rivale, d'une compétition au trône qu'il s'agissait de rétablir, — compétition tellement in-

1. *Mémoires de Vauban*, pp. 444-446.

2. Et qui n'a pas cessé de l'être, sauf cette affirmation toute gratuite.

3. Ce départ, comme la présence même du Prince, sont au contraire restés presque inaperçus.

4. *Mémoires de Vauban*, p. 444.

vraisemblable qu'on est obligé de la supposer comme fatale, inhérente à la situation, en dehors même de la volonté du
prince que l'on met en cause, lequel serait par la force des choses un préten-
dant malgré lui. — Est-il besoin de réfu-
ter pareil échafaudage ? Evidemment, le
duc de Bourbon n'était pas venu à l'île
d'Yeu sans l'aveu de *Monsieur*, de même
que l'on sait très bien qu'il avait celui de
Louis XVIII ; or il eût été beaucoup plus
simple de le laisser à distance que d'avoir
à le congédier. Comment encore, s'il fallait admettre la raison de Vauban, au-
rait-on laissé le prince de Condé combattre glorieusement à la tête des Royalistes
émigrés ? Plus évidemment encore, si le
danger d'une telle compétition avait pu
exister, si l'idée en avait pu germer dans
l'esprit des Vendéens, c'est la présence
de *Monsieur* lui-même sur la terre française qui aurait dû inspirer de la défiance à Louis XVIII, d'autant plus que certaines divergences avaient toujours existé dans la politique des deux frères, et
que le comte d'Artois, par sa naissance,
était beaucoup plus rapproché du trône
que tout autre membre ou toute autre

branche de la maison de Bourbon, celle des Condé en particulier. Or, le Roi exilé a toujours donné le plus complet et le plus certain assentiment à la tentative de l'île d'Yeu. Le comte d'Avaray, son plus intime confident, écrit à Charette, le 4 septembre : «..... Le Roi ne paraît pas douter que *Monsieur* et le duc de Bourbon ne parviennent à vous rejoindre. Je ne les sais cependant pas encore réunis. Le Roi *désire vivement* qu'ils parviennent ensemble en Vendée..... » (1) Et Louis XVIII lui-même, s'adressant également à Charette, lui dit, quelques jours plus tard (18 septembre) : « Vous affermissez les sentiments que je vous ai témoignés dans mes précédentes, et redoublez, s'il est possible, le désir d'être à la tête de mes armées Catholiques et Royales et de combattre à côté de vous, leur digne général..... *J'espère* qu'en ce moment mon frère, plus heureux que moi, jouit de cette gloire..... Adieu, brave Charette, je sens que, si je pouvais jamais être jaloux de mon frère, ce serait en ce moment. Mais j'ai la fer-

1. SAVARY, t. v. p. 396.

me espérance que je n'aurai pas longtemps à l'être. » (1).

En faut-il davantage pour montrer que,
chez tous les princes, à commencer par
le Roi lui-même, s'il pouvait y avoir
émulation de gloire, aucune trace de sus-
picion, aucune crainte de rivalité ne
s'est jamais manifestée, pas plus à l'égard
du duc de Bourbon que du prince de
Condé, sans compter que, de toute évidence, on pourrait encore bien moins
admettre rien de pareil de la part du comte d'Artois que de celle de son aîné.

Laissons donc aux Vauban, ou plus
probablement aux Fouché, le mérite
d'imaginations si pauvres et si manifes-
tement insoutenables. — Sans torturer
autrement le bon sens, il restera clair
que le duc de Bourbon ne s'est éloigné
que devant les mêmes raisons qui, —
avec d'autres plus majeures encore, —
ont entrainé, peu après, le départ du
comte d'Artois, et que, si l'on ne songe
pas à incriminer l'un, il n'y a pas lieu à
plus de sévérité pour l'autre.

1. SAVARY, t. V, pp. 592, 393.

VIII

L'incident mystérieux
de la Tartu

ON ne peut passer tout-à-fait sous
silence un incident assez bizarre
autour duquel il a été fait un certain
bruit, dans ces dernières années, et qui
se trouve relaté, pour la première fois,
dans une publication déjà ancienne sur
La ville et le port de Rochefort, (1) par
MM. J. L. Viaud (le père de notre acadé-
micien Pierre Loti) et F. J. Fleury.

D'abord assez peu remarqué, puis
remis sur l'eau par le savant aumônier
du lycée de Rochefort, M. l'abbé P. Lemonnier, (2) et appuyé de documents

1. *Histoire de Rochefort*, par VIAUD et FLEURY, t. II.
p. 206. Ouvrage publié dès le temps de la monarchie de
Juillet.

2. *Pourquoi le comte d'Artois n'a pas rejoint Charette.*
Bulletin de la Société géographique de Rochefort (1904),
extrait de la *Revue de Saintonge et d'Aunis*, 1er janvier
1904.

sérieux puisés par cet érudit aux archives du port et du tribunal maritime de Rochefort, le récit a pris quelque créance et ne paraît pas pouvoir être négligé, quelle que soit la conclusion qu'il y ait lieu d'en tirer.

Donc, vers le milieu d'octobre 1795 (vendémiaire an IV) (1), une escadre française, croisant dans les eaux de l'île d'Yeu, captura le cutter anglais le *Swan* (2) à bord duquel se trouvaient cinq passagers français, et un sixième, qui se donna comme officier anglais. La flotte anglaise intervint, sur ces entrefaites, et dispersa les bâtiments français dans diverses directions ; mais, parmi ceux-ci, les frégates la *Néréïde* et la *Tartu*, réussirent à échapper à l'ennemi, non sans avoir essuyé une poursuite acharnée et subi de fortes avaries. Elles rentrèrent en rade de l'île d'Aix le 17 octobre, la *Tartu*, sous le commandement du capitaine de vaisseau

1. Le dernier jour de Vendémiaire était cette année-là le 22 octobre.

2. Le *Cygne*, dont les rapports répubicains avaient fait le *Singe*.

Montson ou Moultson, ayant pris à son bord les six prisonniers. (1).

Le bruit se répandit bientôt que l'un de ceux-ci n'était autre que le comte d'Artois. C'était, prétendait-on, le soi-disant officier anglais, qui avait donné le nom de Ferdinand Christin, et qui paraissait être l'objet d'une déférence et d'égards très marqués de la part de ses compagnons de captivité.

Les cinq français, sommairement interrogés, le 14 octobre, par le juge de paix, ou plutôt par son assesseur Jean-Baptiste Letourneur, furent incarcérés de suite à la prison Saint-Maurice de Rochefort; l'Anglais, ou prétendu tel, après avoir été gardé quelques temps à vue dans une maison particulière, vint bientôt les y rejoindre, mais il ne tarda pas à s'évader, le 5 novembre à huit heures du soir (2), et cette évasion que l'on

1. Le bâtiment sur lequel ils avaient été capturés, le *Swan*, avait au contraire été séparé des frégates rentrées à Rochefort, et on supposait qu'avec une autre frégate la *Forte* et l'aviso l'*Eveillé*, il avait pu gagner Lorient. Qu'en était-il en réalité ?

2. Il en fut rendu compte, le lendemain, au ministère par un rapport qui semble imputer l'événement à la négligence ou à la complicité du concierge de la prison,

supposait avoir été obtenue à prix d'or,
vint encore ajouter à l'opinion qui faisait de lui un personnage de haute importance.

Quant aux Français prévenus d'émigration, ils furent, suivant les lois, défé-
rés à une commission militaire nommée
immédiatement par l'état-major de la
place ; mais on remarqua que cette commission, présidée par le capitaine de
vaisseau Paul Chevillard, se montra fort
peu disposée à retenir la cause. Par sa
décision en date du 16 novembre, « elle
se déclare incompétente dans cette affaire, laquelle elle renvoie pour être sta-
tué ce qu'il appartiendra. » Les ministres
de la Marine et de la Justice, Truquet et
Merlin, refusèrent toutefois d'admettre
ce dessaisissement, et, sur leur ordre ex-
près, l'affaire revint de nouveau devant
la même commission, qui refusa de rien
changer à ses premières conclusions. Le
25 décembre, quatre seulement des prévenus comparaissaient devant elle, le

rapport qui parle également de cinq lettres laissées par
l'évadé, lesquelles sont données comme des « lettres d'a-
mour ». Il est bien dit que « *cet officier* réuni à nos ennemis peut être fort dangereux », mais sans autre allusion à
la qualité qu'on paraît lui supposer.

cinquième étant reconnu gravement
malade, et se voyaient renvoyés devant
les autorités de Versailles, lieu du dernier domicile qu'ils avaient accusé ;
« considérant, dit l'arrêt, que les nom-
més Faiseau, Pellerin, Giraud-Roux (1),
ont été arrêtés sans être saisis de congés
ou passeports délivrés par les chefs français émigrés ou par les commandants
militaires des armées ennemies ; considérant que nul indice ne donne à présu-
mer que les accusés sont véritablement
ce qu'ils déclarent être ; que leurs déclarations peuvent être fausses ;... considérant que, d'après les lois sur les émigrés,
s'il est nécessaire de constater leur identité ou s'ils ont des déclarations à faire
valoir, ils seront conduits, sous une sûre
escorte, dans la maison de Justice du
département de leur dernier domicile, et
que, dans l'hypothèse présente, pour
constater l'identité des accusés, il est in-
dispensable de les faire reconnaître, et
que ce ne peut être que par des personnes habituées à vivre avec eux et demeu-
rant dans les mêmes lieux, la commis-

1. Le nom de Jolivet paraît avoir été oublié.

sion ordonne qu'ils seront conduits, sous une sûre escorte, dans la maison de Justice de leur dernier domicile, à Versailles. »

Le jour même de ce jugement (IV nivôse), sur réquisition adressée à la municipalité, les détenus de Rochefort étaient dirigés sur Versailles, sauf le nommé Augustin Roux, resté malade à l'hôpital de la Marine. Mais, si bonne escorte dont on eût pris soin de les munir, ils étaient enlevés, chemin faisant, des mains de la gendarmerie, par un coup de main hardi qui fut attribué aux Chouans. Seul, le nommé Valentin Faiseau, qui ne réussît pas à s'évader avec les autres, fut jugé plus tard, le 25 septembre 1796 (1), après avoir été ramené de Versailles à Rochefort, et il paraît que son identité fut alors reconnue. Naturellement on vit encore dans cet enlèvement singulier un signe de l'intérêt majeur qui s'attachait à ce que ces personnages fussent soustraits aux tribunaux.

1. Le commissaire rapporteur en cette occasion dit très positivement : « Valentin Faiseau est le seul qui se soit rendu à Versailles, les autres ayant été enlevés des mains de la gendarmerie par la force armée. »

Il est certain que si l'on admettait que l'évadé mystérieux du 5 novembre fût le comte d'Artois lui-même, il n'y aurait pas à rechercher davantage pourquoi celui-ci n'a pas rejoint Charette, et tous les problèmes de l'île d'Yeu seraient grandement simplifiés ; mais un bruit, courant dans une population facilement inventive en pareille matière, ne peut être retenu comme digne d'une foi bien sérieuse quand il n'est pas autrement appuyé, et celui-ci n'a pour lui, à vrai dire, que le fait réellement assez singulier que les cinq prisonniers français de la *Tartu* se déclaraient tous, dans leur interrogatoire du 18 octobre, comme attachés, de près ou de loin, à la personne du comte d'Artois. Voici du reste ces déclarations, a titre tout au moins de curiosité :

1º Pierre-Valentin Faiseau, dit *Blachère*, 57 ans, valet de chambre, barbier du ci-devant comte d'Artois, natif d'Aubenas, en Vivarais.

2º Antoine Pellerin, âgé de 54 ans, natif de Saint-Maurice ou Richomme, près Sens, ci-devant Bourgues, (peut-être

Bourgogne), ex-contrôleur de la bouche de la comtesse d'Artois.

3° Jacques-Augustin le Roux, âgé de 33 ans, premier valet de chambre du ci-devant comte d'Artois, en survivance de son père, natif de Versailles.

4° Marie-Pierre-Placide Jolivet, âgé de 30 ans, garçon de garde-robe ou simple valet de chambre de la maison du ci-devant comte d'Artois, natif de Versailles.

5° Jacques Giraud-Roux, âgé de 32 ans, domestique de M. Augustin Roux (n° 3 ci-dessus), natif de Villette en Savoie.

Cette domesticité disait du reste avoir laissé le Prince à l'île d'Yeu, déclarant que le nombre de troupes débarquées était de trois à quatre mille hommes, qu'il y avait division entre les Anglais et les Emigrés, et que leurs camps, dans l'île, étaient séparés.

Nous convenons que les qualités vraies ou supposées de ce personnel sont de nature à faire quelque impression dans le sens de l'opinion qui met le Prince au nombre des capturés de la *Tartu*. M. l'abbé Lemonnier, après les historiens Viaud et Fleury, en a été visiblement frappé, et de même quelques publicistes de nos jours, entre autres M. Oscard Havard, suivant son article du *Soleil*, du 7 septembre 1905. L'abbé Lemonnier conclut même ainsi : « Le comte d'Artois a-t-il été fait prisonnier et conduit à Rochefort, en vendémiaire an IV ? A-t-il pu, avec certaines complicités, se faire passer pour un officier anglais et préparer sa fuite ? Tous les documents que nous venons de citer nous porteraient à le croire. »

Mais il est des objections contre lesquelles, à notre sens, rien ne peut prévaloir.

Si le comte d'Artois avait été absent de l'île d'Yeu pendant près d'un mois (il n'aurait pu s'y retrouver avant le 6 ou 7 octobre au plus tôt), sur six semaines que dura l'occupation, comment cette disparition n'aurait-elle pas soulevé d'émoi ni laissé quelque trace parmi les Emigrés et parmi les Anglais qui le gardaient de si près ? Comment aurait-elle passé inaperçue, tout au moins des nombreux officiers de sa suite, et de son état-major, car on ne peut supposer un concert pour faire le silence sur un incident dont la révélation faisait tomber si simplement toutes les insinuations défavorables au Prince ? Ne serait-il pas inexplicable en particulier que le marquis de la Boëssière, témoin de tout ce qui s'est passé à l'île d'Yeu, dans les observations qu'il adressa à Crétineau-Joly et dont nous avons déjà dit un mot, n'ait pas songé à un argument qui le dispensait de tout autre ?

Enfin, on sait indubitablement que Mercier-*la Vendée* trouva *Monsieur* dans l'île à la fin du mois d'octobre, c'est-à-dire bien avant que l'évadé du 5 novembre ait pu y être rentré, dans aucune hypothèse.

Ce qui serait plus admissible, ce qui même nous apparaît comme absolument vraisemblable, étant donné qu'on ne peut suspecter le récit des écrivains rochefortais, avec les pièces qu'ils citent et qu'ils ont eues entre les mains ; ce qui ne soulèverait d'objection d'aucune sorte, ce serait de supposer que, lors de la capture du *Swan* et de ses passagers, quelques autres bâtiments anglais auraient échappé à l'escadre républicaine (1),

1. Il est certain qu'en dehors de la capture du *Swan*, il

laquelle ne se serait emparée que d'un personnel secondaire de serviteurs, tandis que d'autres embarqués de plus haute marque, parmi lesquels pouvait se trouver le comte d'Artois et tels compagnons de sa fortune ayant tenté d'aborder avec lui à la côte, lesquels, voyant l'entreprise manquée, une partie des

y avait eu, dans la même croisière, d'autres faits sur lesquels on était imparfaitement renseigné. L'agent Bellefontaine écrivait au ministère, le 18 octobre : « Nous expédions un courrier extraordinaire pour vous informer que le capitaine de vaisseau Moultsou mouilla hier soir à l'île d'Aix, avec les frégates la *Tartu* et la *Néréide*. *Il croit* que la frégate *la Forte*, l'aviso *l'Eveillé*, qui faisaient partie de la division, et le cutter anglais *le Singe* (sic), dont il s'est emparé près de l'île d'Yeu, seraient à Lorient.... »

« Cet officier nous rend un compte particulier de sa mission, des prises qu'il a faites, *au nombre de dix-huit*, dont deux ont été coulées, deux sont entrées à la Rochelle, une a échoué à l'île de Rhé, où nous lui avons envoyé des secours, deux ont mouillé ici. Nous en connaissons une autre à Bayonne, et le capitaine Moultson est persuadé que le reste de ses prises est rendu à Nantes, à Bordeaux et en Espagne. Il estime le nombre des prisonniers à plus de deux cent cinquante et la valeur, des prises à deux cents millions au moins.... »

Au milieu de ces soi-disant prises, dont le sort, dans tous les cas est grandement incertain, la supposition que nous émettons pour l'une d'elles n'est peut-être pas plus hasardée que celles prêtées au capitaine Moultson. Ajoutons que celui-ci (même lettre de l'agent Bellefontaine) donne encore une autre indication dont on peut rêver plus ou moins: « Le capitaine Moultson *croit* que lord Clives (?) était à bord du cutter anglais, d'où *il a dû* passer sur la frégate *la Forte*. »

leurs tombés aux mains de l'ennemi, seraient parvenus à rentrer à l'île d'Yeu, après une absence qui n'aurait pas eu le temps d'être très remarquée. On aurait ainsi l'explication très naturelle, la seule plausible à vrai dire, de cette singulière expédition de valets de chambre, barbiers, contrôleurs de bouche, et autres que leur condition ne désignait pas précisément pour courir de pareilles aventures, si ce n'est à la suite d'un maître près duquel ils auraient eu à remplir leurs services spéciaux.

Resterait également que *Monsieur* n'aurait pas été sans faire, pour rejoindre Charette, au moins une de ces tentatives qu'on lui a reproché de ne pas avoir risquées en désespoir de cause.

Telle est la conclusion à laquelle on échappe difficilement sur cet épisode un peu fantastique, conclusion qui est aussi la nôtre ; nous ne l'admettons, cependant, qu'avec certaines réserves et c'est ailleurs qu'il faut chercher, selon nous, la vraie et très suffisante justification du comte d'Artois.

IX

Rappel. — Conclusion

Après une attente de six semaines, dans les tristes conditions dont on a pu juger, cette malheureuse expédition de l'île d'Yeu arrivait à son terme fatal.

Sans doute on ne cessait de regarder du côté de Charette ; mais quel espoir pouvait rester après un si long silence ? Et, il faut bien redire qu'en réalité, Charette n'existait plus à cette heure comme force armée. Des prodiges seuls purent encore prolonger son agonie pendant quelques mois. Dès le 9 novembre, Hoche écrivait au Gouvernement: « Que Charette peut-il faire ? La troupe qu'il commande ne va pas au delà de *mille fantassins* et *trois cents mauvais cavaliers* » (1). Quel moyen de

1. Savary, t. vi, p. 43.

ranimer cette cendre héroïque! Dans les derniers jours, la mission de Vauban était venue, ajouter encore à toutes les causes de défiance et d'hésitation, par ses insistances intempestives, et, d'un autre côté, au témoignage de ce même Vauban, la mer était devenue intenable : « Je jugeai, dit-il, de tous les périls que couraient les vaisseaux anglais dans cette rade, qui n'est nullement abritée, car c'est absolument la pleine mer, où ils étaient mouillés sur un fond de roc, qui, à chaque instant, coupait les câbles et qui, par des vents très violents et une mer affreuse, les mettait en perdition à la côte... Il est constant qu'il fallait, pour y avoir résisté si longtemps, toute l'intrépidité des marins anglais » (1).

Enfin, pour couper court à tout, dans la nuit du 16 au 17 novembre, arrivèrent d'Angleterre des dépêches impératives prescrivant l'évacuation de l'île, ce qui entraînait forcément le rappel du comte d'Artois. C'était la fin. — Vauban répète encore qu'à ce moment suprême, *Monsieur* « lui avait paru profondément

1. *Mémoires de Vauban*, p. 277.

affecté de l'obligation de se soumettre à la volonté du gouvernement britannique et d'abandonner ses plus chères espérances » (1). Comme le dit l'abbé Robert, « n'avait-il pas fait l'impossible pour rejoindre Charette, le seul officier général en qui il eût une pleine confiance, et qui, malgré ses appels réitérés, n'avait pu lui donner signe de vie ? » (2) Ce qui était la vérité au delà même de ce que l'historien de Quiberon avait pu en avoir encore la démonstration.

Au reçu des nouvelles d'Angleterre, *Monsieur* avait fait appeler Vauban, et, en même temps, MM. d'Autichamp et de la Béraudière. Dans le bouleversement où il se trouvait plongé, il confia au premier des instructions pour les armées de Bretagne (3), et aux deux autres des

1. *Mémoires de Vauban,* p. 277.

2. *Expédition des Émigrés à Quiberon,* p. 277.

3. Ces instructions visaient un plan trop vaste pour n'être pas assez aléatoire, plan combiné, semble-t-il, d'après les idées de Vauban, et qui comportait toujours une descente ultérieure du comte d'Artois, mais à terme plus ou moins éloigné. Vauban, en les rapportant, les traite *d'insidieuses,* sans qu'il soit possible de voir pourquoi, ni qu'il essaie de le montrer. Tout ce qu'on peut leur repro-

ordres identiques pour la Vendée, avec cette lettre pour Charette dont fut chargé la Béraudière :

« J'essaierai en vain de vous expliquer, Monsieur, tout ce que j'ai souffert depuis que je suis ici. MM. de Grimoine (Grignon ?) et de Chastaignier, qui vous remettront les lettres que je vous écrivait *le 5 octobre*, mois passé, et les instructions que j'y avais ajoutées depuis, seront en état de vous informer de tout ce que j'ai fait et tenté pour parvenir à vous donner de mes nouvelles et surtout à recevoir des vôtres ; et mes efforts ont été infructueux, puisque je n'ai pu apprendre que par voie indirecte (1), que les forces des ennemis vous avaient obligé à rentrer dans l'intérieur, sans que votre armée ait éprouvé d'échecs considérables.

« Il m'a été également impossible d'obtenir aucun renseignement sur le compte de M. de Rivière, depuis qu'il a

cher, c'est de tenir compte, dans une certaine mesure, des renseignements trop optimistes donnés par lui Vauban sur les prétendues forces de Puisaye. Serait-ce là ce qui aurait été *insidieux ?* ce qui du moins pouvait être chimérique ?

1. Vraisemblablement par les officiers arrivés à l'île d'Yeu des côtes de la Bretagne.

été débarqué pour la dernière fois, le 30 septembre, et j'en suis excessivement inquiet (1). Mais il est de mon devoir de renfermer dans mon cœur mes craintes et mes regrets et de ne m'occuper que des moyens de réparer le passé et de rendre l'avenir plus utile et plus heureux pour la cause que vous défendez avec tant de gloire.

« M. de la Béraudière, qui vous remettra cette lettre, vous expliquera les motifs qui ont décidé les Anglais à évacuer l'île d'Yeu. Je n'avais aucun moyen de pouvoir conserver ce poste, et je m'embarquerai, sous peu de jours, avec le petit nombre de Français qui sont auprès de moi, pour me porter le plus promptement possible aux îles de Jersey et de Guernesey. Ce séjour m'a été

1. Il se retrouva seulement en Bretagne à la fin du mois de novembre, et put rejoindre alors le Conseil de l'armée du Morbihan (VAUBAN, p. 321). D'après le général de la Boëssière, il aurait fait naufrage en essayant de rejoindre le comte d'Artois à l'île d'Yeu, pour lui porter la réponse de Charette au message dont il avait été chargé. Rejeté à la côte, il n'avait eu d'autre ressource que de prendre cette voie détournée. Entre temps il paraît qu'il s'était aussi rendu au quartier de Stofflet, pour l'engager à reprendre les armes. Il s'y trouva en même temps que d'Andigné, envoyé pour le même objet de l'armée de Scépeaux.

offert par les ministres britanniques
comme étant le plus propre à entretenir des correspondances avec les Royalistes, et pour les rejoindre partout où je
le jugerais convenable (1). Les ministres
m'ont fait assurer en même temps que
l'intention du cabinet de Saint-James
était de soutenir les Français fidèles par
tous les moyens qui pourraient dépendre d'eux...

CHARLES-PHILIPPE. »

Nous aurons à revenir sur quelques
points de cette lettre. On prétend (toujours Vauban) que Charette, transporté
d'indignation, au reçu de ces nouvelles, aurait écrit à Louis XVIII : « Sire,
la lâcheté de votre frère a tout perdu. Il ne pouvait paraître à la côte
que pour tout perdre ou tout sauver.
Son retour en Angleterre a décidé de
notre sort ; il ne me reste plus qu'à périr
inutilement pour votre service » (2).
Il serait plus qu'étrange de trouver

---

1. Cette offre ne résulte pas des lettres de rapport
adressées au Prince. Peut-être lui avait-elle été faite précédemment. Mais c'est à tort qu'il y comptait.

2. VAUBAN, p. 379.

dans la bouche de Charette, toujours si respectueux pour la Royauté, de tels reproches et de telles expressions. Lui-même, en effet, depuis près de deux mois, n'avait pu faire un pas pour se rapprocher de la côte et tendre la main à *Monsieur*. Comment aurait-il supposé, dans son impuissance, que celui-ci aurait eu des moyens de forcer seul la barrière interposée entre eux ? Jamais, du reste, même parmi les Républicains, personne n'a osé soutenir l'authenticité d'une pareille lettre, démentie par toutes les vraisemblances, sans être appuyée sur la moindre preuve. Il en est une autre écrite au même moment par Charette au marquis de Rivière, qui constitue par sa mesure, la plus éclatante protestation. Savary la reproduit en disant qu'elle « suffit pour démentir les plaintes adressées, suivant M. de Vauban, par Charrette au Roi contre *Monsieur* » (1). Elle ne laisse pas de doute, en effet, sur les

---

1. SAVARY, t. VI, p. 56, note. Les vrais sentiments de Charette se trouvent encore dans ces mots qu'il adressait au brave Lucas-Championnière : « Nous n'avons plus l'espoir d'un débarquement. *Les Anglais ont joué nos Princes*, et par contrecoup nous ont indignement trahis. » *Mémoires de Lucas de la Championnière*, p. 192.

seuls sentiments que l'on puisse attribuer au général, c'est-à-dire la tristesse,
sans ombre d'amertume :

« Je vous écris, mon cher Rivière, le
cœur navré de douleur de l'éloignement
d'un prince dont l'espoir de sa possession faisait toute notre félicité. Il est des
privations qu'on supporte avec courage
et fermeté, mais celle-là est si grande
qu'elle ébranlerait un rocher. Gardez-
vous bien de croire que cet événement
malheureux refroidisse notre courage ;
bien loin de là. Toujours animés du désir
de mériter votre estime, nous travaille-
rons jusqu'au dernier soupir à nous en
rendre dignes » (1).

Les circonstances dont on accompagne
le fait de la prétendue lettre de Louis
XVIII ajoutent encore à la démonstration de sa fausseté. On dit qu'elle aurait
été remise par Charette au marquis de
Rivière, « qui en ignorait le contenu,
« pour être donnée au Roi » (2). Or, on
vient de voir que Charette écrivait à
Rivière, précisément au même moment.

1. Savary, t. vi, p. 55.
2. Vauban, p. 379.

Tous les deux étaient donc séparés (1),
puisqu'ils avaient besoin de correspon-
dre ; donc la remise directe du document
aux mains de ce dernier est inadmissi-
ble. On ajoute que, depuis, la lettre
aurait « été montrée en original (à Vauban), par un ex-ministre de Louis XVIII,
entre les mains de qui elle était res-
tée » (2). Mais si un *ministre* ou *ancien
ministre* eut été capable d'une telle in-
discrétion, quels *ministres* pouvait avoir,
à cette époque, l'exilé de Mittau ? (3) Il
ne reste, de toute évidence, à conclure
qu'à une invention de Vauban, invention
d'autant plus maladroite et plus monstrueuse en même temps (si elle ne devait
pas être attribuée à une autre main que
la sienne), que lui-même a toujours cherché à détourner *Monsieur* de la jonction
avec Charette ; d'une part, en ne cessant
de décrier celui-ci, de l'autre, en décla-

1. Rivière, messager si intrépide et si actif, ne resta
évidemment pas immobile près de Charette, du 30 septembre au 18 ou 19 novembre, sinon au delà. On sait par
d'Andigné qu'il se rendit aux quartiers de Stofflet, et le
général de la Boïssière parle de son naufrage en essayant
de regagner l'île d'Yeu.

2. VAUBAN, p. 380.

3. Les *Mémoires* sont publiés en 1906.

rant, dès l'île d'Houat, l'entreprise impossible et contraire aux intérêts royalistes. S'il avait eu le moindre souci d'être conséquent avec lui-même, tout ce qui lui était permis devant le résultat final, c'était de s'accorder la triste satisfaction de dire : « Ne vous l'avais-je pas bien prédit ! »

Nulle part ne se manifeste plus clairement l'incohérence des *Mémoires*, accusant la manipulation dont ils ont été l'objet.

Monsieur s'embarqua donc sur le vaisseau le *Jason*, le 18 novembre, et fut conduit par les Anglais en rade de Portsmouth, et non à Jersey ou Guernesey. Nul n'a le droit de prétendre que ce ne fut pas sans un cruel déchirement, quoique, en réalité, l'Angleterre l'enlevât ainsi à une situation qu'elle avait faite sans issue.

Mais avant de clore le récit de cette triste histoire, il faut discuter les dernières accusations de Vauban. Plus elles arrivent au comble de l'odieux, moins nous voulons en rien dissimuler ; nous citerons donc textuellement.

Pour l'auteur — quel qu'il soit — de ces calomnies, toute la conduite du comte d'Artois ne serait qu'une indigne comédie, qui aurait été révélée, à lui, Vauban, aux derniers jours de 1795, dans un dîner chez le comte de Woronsow, ambassadeur de Russie, où se trouvait en troisième le comte de Staremberg, ambassadeur de l'Empereur. La conversation étant tombée, sur l'expédition de l'île d'Yeu, « le comte de Staremberg, suivant le narrateur, dit à M. le comte de Woronsow : « Il faut bien le lui apprendre, puisqu'il ne le sait pas... » Alors, «M. le comte de Woronsow me dit que, comme je le savais, *Monsieur* avait toujours témoigné et parlé de son vif désir d'aller se mettre à la tête des armées royalistes ; qu'alors le gouvernement d'Angleterre avait décidé et lui avait proposé de lui en donner les moyens ; qu'alors *Monsieur* s'étant trop avancé pour pouvoir reculer, tous les préparatifs étant faits, il s'était embarqué (1) ; mais

1. On a vu, au contraire, que *Monsieur* s'embarqua envers et contre tout ce qui devait l'en détourner ; après

qu'en partant, déjà fâché de s'être tant prononcé, il avait chargé M. le duc d'Harcourt et lui avait laissé les ordres les plus positifs pour solliciter et demander l'ordre de son retour ; que M. le duc d'Harcourt avait été consterné et fort embarrassé de cette extraordinaire négociation et n'avait éprouvé que des refus de la part du Gouvernement, qui ayant fait des frais *immenses* pour cette expédition (1), s'était impérieusement refusé à expédier cet ordre ; que toutes les sollicitations de M. le duc d'Harcourt ayant été vaines, *Monsieur* avait pris le parti de solliciter lui-même cet ordre, en écrivant à cet effet au Gouvernement, qui s'y était encore refusé; que, pendant le temps que Son Altesse Royale tâchait de gagner en tâtonnant le long de la côte (2),

le désastre de Quiberon qu'il trouvait consommé, au lieu du prétendu succès sur lequel on l'avait appelé ; après qu'il n'était plus question de l'expédition de lord Moira : alors que l'Angleterre l'invitait à ajourner ses projets en raison des circonstances et déclarait ne pouvoir plus lui donner aucune assistance de ses propres troupes.

1. Pour lord Moira peut-être, mais nullement pour la mesquine expédition de Doyle et de Warren, et encore moins pour le comte d'Artois, qui était seulement autorisé à s'y joindre, à ses risques et périls.

2. Ce serait donc antérieurement à l'île d'Yeu et à la tentative de Noirmoutier.

Elle avait encore écrit, en demandant l'ordre de son retour ; qu'enfin, les ministres mettant de la lenteur à l'expédier, ils avaient inopinément appris l'arrivée du *Jason*, mouillé dans la rade de Portsmouth, ayant à bord Son Altesse Royale ; qu'alors, dans les premiers moments de son indignation, M. le lord Grenville avait envoyé chercher MM. les ambassadeurs comtes de Woronsow, de Starenberg et le marquis de Spinola (ministre de la république de Gênes) et leur avait dit : « Messieurs, vous savez ce que le Gouvernement ne cesse de faire pour les pays royalistes ; comme vous le savez aussi, Son Altesse Royale *Monsieur* a désiré y aller ; nous avons fait une expédition digne de porter sa personne (1) ; etc... »

Ainsi, *Monsieur* aurait quitté l'île d'Yeu de son propre et unique mouvement, sans avoir attendu qu'il lui fût parvenu aucun ordre à ce sujet. Tout ce qu'il en a dit à son entourage, aux officiers qu'il chargeait de ses instructions pour les pays royalistes serait également

---

1. *Mémoires de Vauban*, pp. 336-338.

une invention. Or, ces ordres de rappel, M. l'abbé Robert témoignait déjà les avoir vus au *Record Office*, sans en avoir toutefois relevé le texte (1). Il faut, pour terminer, les donner tels qu'on les y retrouve encore et qu'ils ne peuvent laisser de doute sur le caractère des dires Vaubanesques.

C'est d'abord une dépêche au comte d'Artois, visant des instructions conformes adressées au général Doyle :

« A Londres, ce 22 octobre 1795.

» Monseigneur,

» Le général Doyle a l'ordre de communiquer à V. A. R. ses instructions par rapport à l'expédition dont il se trouvait chargé. Il ne manquera pas d'informer V. A. R. des raisons qui ont motivé la détermination du Roi de rappeler à Portsmouth les troupes anglaises débarquées à l'île d'Yeu. Il aura également l'honneur de faire part à V. A. R. de tout ce qu'il pourrait faire pour lui faciliter les moyens de se maintenir dans cette position ou de se joindre à l'armée de Charette, avec les troupes françaises sous ses ordres,

1. Abbé Robert, p. 256.

pourvu qu'elle juge à propos de poursuivre l'un ou l'autre de ces projets, ayant égard à toutes les circonstances du moment présent, changées comme elles le sont par tout ce qui vient d'arriver.

« Il paraît encore très incertain quelle sera l'issue finale des évènements extraordinaires qui se succèdent journellement en France, et dont les conséquences doivent nécessairement tant influer sur la situation générale de l'Europe. Dans cet état d'incertitude, le Roi ne cesse de faire tous les préparatifs et tous les efforts pour pousser la guerre avec énergie et vigueur et pour procurer à ses Etats, ainsi qu'à ses alliés une paix juste et honorable. En poursuivant ces mesures, Sa Majesté désire de soutenir, par tous les moyens qui lui seront possibles, les efforts des Royalistes, regardant toujours leur succès comme l'issue la plus heureuse de cette grande crise.

» Mais le retour des troupes françaises qui ont été employées jusqu'ici contre l'Espagne doit rendre très difficile le débarquement de V. A. R. et des corps d'Emigrés dans la Vendée, et même très douteux de pouvoir s'y maintenir après que le débarquement soit effectué. Sa Majesté doit le dire à V. A. R. sans réserve, *Elle ne voit que peu d'apparence de pouvoir encore envoyer sur la côte de la France des troupes anglaises*, depuis que la nécessité a existé de faire passer dans les Indes Occidentales une force si considérable. Le commodore Warren pourra expliquer à V. A. R. les secours que, dans ces circonstances, pourraient lui offrir les escadres anglaises par des croisières *occasionnelles*, soit pour la protection de l'île d'Yeu, soit pour faciliter le débarquement, sur le continent, des convois de munitions, d'armes et d'argent. Les mesures sont déjà prises pour l'envoi d'une somme assez considérable, qui, j'espère, ne manquera pas d'arriver assez à temps pour être envoyée dans la Vendée, soit que V. A. R. juge à propos d'y tenter un débarquement ou non. Toutes les autres tentatives qui offrent quelques chances de succès ne manqueront pas d'être tentées, selon que l'occasion s'en présentera. Mais, *l'arrivée de tous ces secours étant nécessairement très précaire*, on supplie V. A. R. en se décidant sur le parti qu'elle doit prendre, dans cet état des choses, de peser dans sa sagesse, toutes les difficultés auxquelles on doit s'attendre, et qui pourraient s'opposer au succès de ces entreprises.

» Sur cette décision, le ministre du Roi a senti qu'il ne pourrait que se référer entièrement à la prudence (et) au jugement de V. A. R. en faisant toujours des vœux pour que ses résolutions puissent être couronnées du succès que méritent, à si juste titre, son courage, son caractère, et ses hautes qualités personnelles.

» Je supplie V. A. R. de me permettre d'ajouter à l'expression de ces sentiments celle etc... » (1)

L'évacuation peut-elle être signifiée plus formellement ? Avec une aimable ironie on prie le Prince de voir s'il peut, soit se maintenir à l'île d'Yeu, soit descendre en Vendée. On est plein de bonne volonté pour l'y aider par tous les moyens *possibles*, mais on l'avertit charitablement que ces moyens ne seront qu'*occasionnels* et *nécessairement très précaires*. C'est parler suffisamment pour se faire entendre. Aussi, comme nous

1. RECORD OFFICE. France. *Domestic papers*, nº 600. — Pièce inédite.

l'avons vu, le Prince écrit tristement et trop justement à Charette, après la lecture de cette dépêche : « Je n'avais aucun moyen pour conserver ce poste (l'île d'Yeu), » et cette phrase indique surabondamment, contrairement encore au dire de Vauban, qu'il n'était pas sans avoir pris toute connaissance des dépêches anglaises qu'on veut qu'il n'ait ni reçues, ni même attendues.

Ce qu'on peut ajouter, c'est que l'impossibilité de se maintenir seul à l'île d'Yeu, ou plutôt la certitude d'y être pris avant peu comme dans une souricière, résultait du projet dès longtemps concerté par Hoche (1) avec l'amiral Villaret-Joyeuse, pour attaquer l'île d'Yeu, dès que la mer pourrait être rendue libre, projet dont on assure que celui-ci avait secrètement donné connaissance au comte d'Artois par le capitaine Jacob, depuis vice-amiral et ministre de la Marine (2).

1. Hoche en avait fait la proposition au Comité de Salut Public dès le 9 octobre (SAVARY, t. VI, p. 15). Une réponse du 18 concluait à l'ajournement en raison des préparatifs nécessaires (IBID. p. 26). Le général en entretenait de nouveau le ministre de la Guerre le 7 novembre (Archives de la Guerre. ABBÉ ROBERT, p. 247).

2. CRÉTINEAU-JOLY, t. II, p. 413.

Mais, comme si le ministre anglais ne croyait pas avoir été assez explicite dans sa première dépêche, il en avait joint une seconde plus récente en date de trois jours, pour accentuer ce que l'on désirait, ce que l'on entendait ordonner sous des formules diplomatiquement déférentes :

« Drowning Street, ce 25 octobre 1795.

» MONSEIGNEUR,

» J'ai l'honneur de transmettre à V. A. R. le duplicata d'une lettre que j'eus l'honneur de lui adresser en date du 22 courant.

» Par les avis que nous avons reçus depuis ce temps-là, le ministère du Roi a été informé du danger qu'il pourrait (y) avoir pour V. A. R. et pour les troupes françaises sous ses ordres, de rester à l'île d'Yeu après le départ de l'escadre de Sa Majesté (1). C'est pourquoi je suis chargé de faire connaître à V. A. R. le sentiment de ce gouvernement, qu'au cas où V. A. R. ne pourrait pas effectuer

1. Sans doute en raison des avis reçus relativement aux attaques dont était menacée l'île d'Yeu et dont nous avons parlé plus haut.

un débarquement sur le continent, avec la possibilité de pouvoir s'y maintenir en sûreté, il serait infiniment à désirer que V. A. R. prît le parti de retourner, avec les troupes françaises, à Speathead, puisque, quel que soit le désavantage pour la cause commune de renoncer à l'entreprise projetée, il serait beaucoup moins préjudiciable que le danger auquel V. A. R. en restant à l'île d'Yeu, pourrait exposer et sa personne, dont la conservation est si précieuse pour les choses publiques, et tant de braves et zélés serviteurs et sujets.

« J'ai donc l'honneur de soumettre à V. A. R. ces considérations, etc... » (1)

Il n'est plus question ici de demeurer à l'île d'Yeu, même dans les conditions *précaires* dont on parlait précédemment. Donc plus d'attente pour une occasion (plus que problématique) de rejoindre Charette ; et si on avait pu offrir Jersey ou Guernesey comme établissement provisoire, c'est la rentrée pure et simple à Speathead qu'on prescrit maintenant, et à

1. RECORD OFFICE. France. *Domestic papers*, n° 600. — Pièce inédite.

laquelle il va falloir se soumettre, malgré l'espoir que semble conserver le
Prince dans sa lettre à Charette.

En résumé,

Le comte d'Artois, que nous avons vu
débarqué à l'Ile d'Yeu le 2 octobre, n'a
pas rejoint Charette à ce moment ou
dans les jours qui ont suivi, parceque
la sagesse et le devoir le plus élémentaire
lui commandaient de concerter avec le
général vendéen l'action du corps expéditionnaire, et que ce concert n'a pu
être établi par suite de l'échec du 25 septembre, qui avait rejeté à l'intérieur et
presque anéanti Charette, dont aucun
message n'est parvenu ultérieurement.

En écartant l'incident prétendu de la
Tartu, non cependant dépourvu de vrai-
semblance, dans la mesure que nous
avons dite ; en ne tenant pas compte des
violences plus ou moins prouvées dont
on a accusé les Anglais, le comte d'Artois
n'a pas rejoint Charette, en se risquant à
prendre terre avec le débarquement
dans lequel on fait figurer le comte de
Grignon, par la bonne raison que ce
débarquement n'a jamais eu lieu, ni le

12, ni le 17 ou le 18 octobre, ni à la Tranche, ni à Saint-Jean de Monts, ni ailleurs.

Que si l'on demande pourquoi *Monsieur*, à défaut du Poitou, n'est pas descendu en Bretagne, les raisons péremptoires n'en sont pas moins faciles à donner. D'abord, parceque c'eût été contrevenir aux intentions de Louis XVIII, substituer Puisaye au rôle supérieur dont la confiance royale avait investi Charette, mais surtout, parceque ce même Puisaye, regardé comme indigne par la majorité des Royalistes, repoussé par les chefs du Morbihan, en défiance à la plupart des autres, était le dernier homme auquel, depuis Quiberon, on pût aller confier la fortune et l'honneur de la Monarchie.

Le comte d'Artois, enfin, malgré l'effondrement trop certain de toutes les espérances raisonnables, n'a pas quitté l'île d'Yeu de son propre mouvement, mais sur les ordres rappelant l'expédition anglaise, et la déclaration très formelle du ministère britannique qu'il allait être abandonné à la merci du premier coup de main, auquel, de toute évidence, il lui était impossible de résister.

Tout lui a été contraire ; les lenteurs et le mauvais vouloir des Anglais, leur abstention à Noirmoutier, la paix signée par l'Espagne, l'événement du XIII vendémiaire, et surtout la fortune trahissant Charette.

S'il n'a pas réussi contre tant de traverses et dans de telles conditions, quel autre, à sa place, aurait fait mieux que lui ? — Qu'il mourût ! dira-t-on peut-être, mais l'heure même en était passée, au moins pour mourir avec quelque gloire et quelque utilité.

C'était à Quiberon, si l'on avait voulu sérieusement le triomphe de sa cause, qu'il fallait lui laisser prendre la tête des Royalistes. Même dans les conditions défectueuses de l'expédition, les chances, avec lui pour chef supérieur, étaient grandes, et l'Angleterre avait en main tout ce qu'il fallait pour les rendre presque certaines. C'est ce qu'elle ne voulait pas alors, ce qu'elle ne voulut jamais, sinon peut-être, quand elle put regretter, pour elle-même, l'issue irrémédiable de sa politique égoïste.

ERRATA [1].

P. 11, ligne 13 ; *au lieu de* : le général de Boisgny, *lisez* : le général du Boisguy.

P. 9, titre courant ; *au lieu de* : LE COMTE D'ARTOIS, *lisez* : ET L'EXPÉDITION DE L'ILE D'YEU.

P. 19, ligne 20 ; *au lieu de* : à tous risques et périls, *lisez* : à ses risques et périls.

P. 21, note (1) ; *au lieu de* : Mémoire, *lisez* : Mémoires.

P. 34, ligne 15 ; *au lieu de* : Sir, *lisez* : sir.

P. 59, ligne 7, après *Monsieur* : ouverture de guillemets.

P. 72, à la fin de la note (5) de la page précédente : fermeture de parenthèse.

P. 85, ligne 13 ; *au lieu de* : n'eut, *lisez* : n'eût.

P. 140, lignes 15 et 16 ; *au lieu de* : dans aucune hypothèse, *lisez* : dans quelque hypothèse que ce soit.

P. 141, note, avant-dernière ligne ; *au lieu de* : il a aû, *lisez* : il a dû.

P. 146, lignes 8 et 9 ; *au lieu de* : je vous écrivait, *lisez* : je vous écrivais.

P. 148, note (1), première ligne ; *au lieu de* : rapport, *lisez* : rappel.

P. 155, ligne 22 ; *au lieu de* : sans avoir attendu qu'il, *lisez* : sans avoir attendu, ni qu'il.

1. Un malentendu fâcheux n'a pas permis une révision suffisante pour diverses fautes légères, surtout de ponctuation, que nous prions le lecteur d'excuser.

TABLE DES MATIÈRES

		Pages
Préface		V
I.	Tardif appel au comte d'Artois	1
II.	En Angleterre	13
III.	L'île d'Houat et Noirmoutier	41
IV.	L'île d'Yeu	63
V.	Vaine attente	75
VI.	Prétendu débarquement de la Tranche ou de Saint-Jean de Monts	91
VII.	Mercier-*la Vendée*, Vauban, le duc de Bourbon	109
VIII.	L'incident mystérieux de la Tartu	131
IX.	Rappel. Conclusion	143

BERGERAC

IMPRIMERIE GÉNÉRALE DU SUD-OUEST (J. CASTANET)

Place des Deux-Conils

BERGERAC

Imp. Générale du Sud-Ouest (J. CASTANET)

Place des Deux-Conils